Julius Zupitza

Cynewulfs Elene, mit einem Glossar herausgegeben

Julius Zupitza

Cynewulfs Elene, mit einem Glossar herausgegeben

ISBN/EAN: 9783744602563

Hergestellt in Europa, USA, Kanada, Australien, Japan

Cover: Foto ©ninafisch / pixelio.de

Weitere Bücher finden Sie auf **www.hansebooks.com**

CYNEWULFS ELENE

MIT EINEM GLOSSAR

HERAUSGEGEBEN

VON

JULIUS ZUPITZA

DRITTE AUFLAGE

BERLIN

WEIDMANNSCHE BUCHHANDLUNG

1888

Vorwort zur dritten auflage.

Für den text der dritten auflage habe ich außer
Wülkers ausgabe noch eine vergleichung derselben mit der
handschrift benützt, die mir mein lieber freund Napier
überlassen hat. das wichtigste ergebnis derselben ist hleo-
pon v. 54. auf sie stütze ich mich, wenn meine angaben
von denen Wülkers abweichen (oft freilich nur in geringen
kleinigkeiten), außer, wo Napier ausdrücklich genannt ist,
auch bei v. 17. 35. 91 (ar). 97. 127. 197. 204. 213. 245. 252.
253. 322 (gehđum). 482. 523. 524. 526 (ea). 531 (gehdum).
560. 563. 567. 608. 637 (w). 655 (Iudas). 694. 796. 807
(Iudas). 811 (a). 825. 842 (schmutzfleck). 875 (a). 909.
914. 916. 917. 928. 953. 959 (weres). 1098. 1105. 1121.
1150 (w und heō). 1194 (biđ). ich füge hier nachträglich
hinzu, daß 186 beorna zum teil auf rasur steht, 599
agenn'ne geschrieben war, aber dann das zweite n radiert
ist und daß 1097 geornliee bei Wülker natürlich druckfehler ist. es sei auch hier bemerkt, daß Wülker bei 455
ealdum, 750 þam, 1088 eallum vergessen hat das m cursiv
drucken zu lassen und daß 793 cristes nicht am ende
der 6., sondern mitten in der 4. zeile steht. Wülkers
zählung bleibt von 721ᵇ ab hinter der von mir beibehaltenen
Greinschen um eins zurück.

Mehr änderungen des textes, als Wülkers und Napiers
vergleichungen, verlangte die durch Sievers' entdeckungen
in neue bahnen geleitete metrik. zu der setzung einiger

von ihm geforderter längezeichen habe ich mich freilich nur mit großen bedenken entschließen können. wäre es z. b. nicht vielleicht richtiger lyttel st. lỹtel zu schreiben? vgl. alts. luttil, mhd. lützel und, was die vereinfachung der gemination anlangen würde, die häufigen hetend, niđas u. s. w. statt hettend, niđđas. wenn ferner in fæger die erste silbe lang sein muß, ist die annahme möglich, daß sie infolge von vocalisierung des g diphthongisch war. statt fîras, mêaras habe ich es vorgezogen mit einem spiritus asper fir'as, mear'as zu schreiben. unter unbetonte vocale, die metrisch nicht mitzurechnen sind, habe ich punkte gesetzt. die größte schwierigkeit macht die quantität der fremden eigennamen: Caluarie und Cyriacus habe ich ohne alle bezeichnung gelassen, da ich eine einheitliche nicht finden konnte. Pogatschers buch Zur lautlehre der lehnwörter im ae. konnte ich leider noch nicht benützen.

Daß ich den lat. text der legende beigegeben habe, wie ihn die Acta sanctorum bieten, wird hoffentlich willkommen sein. wo eine andere fassung der darstellung Cynewulfs näher steht, manchmal vielleicht auch nur näher zu stehen scheint, habe ich darauf hingewiesen. Golthers unten angeführte besprechung von Glödes arbeit war mir hierbei besonders nützlich.

Der in den fußnoten zuerst in der 2. auflage auf den wunsch ten Brinks gemachte versuch auch die interpunktionsvarianten zu geben befriedigt mich nicht recht. bei den verschiedenen grundsätzen der einzelnen gelehrten hat die sache ihre große schwierigkeit. ich glaubte mich jedenfalls im allgemeinen auf die fälle beschränken zu dürfen, wo die abweichende interpunktion die folge einer verschiedenen auffassung der stelle ist. freilich ist diese nicht immer mit sicherheit aus der interpunktion zu erkennen. auch auf worttrennung und längenbezeichnung habe ich in der regel nur dann rücksicht genommen, wenn diese für den sinn von bedeutung sind. was die konjekturen anbelangt, so schien es mir genügend nur denjenigen zu nennen, der eine abweichung von der überlieferung zuerst gemacht oder vorgeschlagen hat: nur bei Kembles änderungen habe ich eine ausnahme gemacht, da dessen buch bis vor kurzem in Deutschland ganz unbekannt war, so daß Grein mehrfach eine stelle selbständig ebenso gebessert hat, wie Kemble. die von mir gebrauchten abkürzungen sind t(en) B(rink), C(osijn), E(ttmüller), G(rim)m, G(rei)n, K(emble), K(örne)r, L(eo), N(apier), R(ieger), S(ievers), Th(orpe), W(ülker). mit Z¹ verweise ich gelegentlich auf die erste auflage dieses buches. ein fragezeichen vor einer abkürzung bedeutet, daß der genannte gelehrte seine änderung nur zweifelnd vorgebracht hat, ein sternchen dagegen, daß er stillschweigend von der handschrift abgewichen ist: ich habe auf diese weise auch die auf falscher lesung der handschrift beruhenden angaben Thorpes angeführt und diejenigen druckfehler, welche nicht schon von den männern, denen sie passiert sind, selbst als solche bezeichnet worden sind. jede wissentliche abweichung meines textes von der überlieferung abgesehen von der auflösung von abkürzungen,¹) worttrennung, längenbezeichnung und dem gebrauche großer buchstaben ist durch cursiven druck hervorgehoben. der name des verbesserers folgt, falls die aufgenommene konjektur nicht etwa von mir selbst herrührt, in der regel der handschriftlichen lesart hinter einem komma. konjekturen an stellen, die sich durch die neuen kollationen als unver-

---

¹) ich schreibe jetzt ond für die abkürzung der konjunktion, nicht and, wie meine vorgänger und auch ich noch in der ersten auflage; vgl. das glossar unter and und ond. im gebrauch von þ und ð folge ich der hs., wie außerdem nur Thorpe und jetzt auch Wülker getan haben. die abweichungen der übrigen herausgeber in dieser beziehung führe ich nicht an.

*derbt herausgestellt haben, sind in runden klammern ge-
geben. steht aber die handschriftliche lesart oder einzelne
buchstaben derselben in klammern, so deuten diese nach-
trägliche einfügung über der zeile an. durch doppelpunkte
wird bei rasuren die ungefähre zahl der getilgten buchstaben angegeben.*

*Das glossar ist im ganzen ebenso geordnet, wie in
meinem Übungsbuch: die langen vocale sind von den kurzen
nicht getrennt, æ ist a gleichbehandelt, ea steht vor eb, eo
vor ep, ie vor if, io vor ip; anlautendes þ oder ð (auch
beim zweiten teile eines compositums) suche man hinter y,
dagegen in- und auslautendes unter d. die bezeichnung
der verschiedenen classen der st(arken) und sch(wachen)
conjugation ist ebenfalls dieselbe. es mag hier für die
starke eine vergleichung mit der einteilung bei G(rimm),
K(och), M(ätzner) und S(ievers) folgen:*

stI a = stX G, abl III K, stIII M, abl V S.
stI b = stXI G, abl II K, stII M, abl IV S.
stI c = stXII G, abl I K, stI M, abl III S.
stII = stVIII G, abl V K, stV M, abl I S.
stIII = stIX G, abl VI K, stVI M, abl II S.
stIV = stVII G, abl IV K, stIV M, abl VI S.
stV = stI—VI G, redupl I—VI K, stVII—VIII M, red S.

*innerhalb schI meint I a verba nach nerian nerede, I b solche
nach hŷran hŷrde.*

*Meine letzten worte an dieser stelle seien solche
wärmsten dankes an alle diejenigen, die jetzt oder früher
zur verbesserung meiner ausgabe beigetragen haben.*

Berlin, SW., Kleinbeerenstr. 7.

15. oct. 1888.

J. Z.

Die wichtigste litteratur.

Appendix B to Mr. Cooper's Report on Rymer's Fœdera pp. 105 ff. (Benjamin Thorpe).

Andreas und Elene. herausgegeben von Jacob Grimm. Cassel 1840.

Anglosaxonum poetae atque scriptores prosaici, quorum partim integra opera, partim loca selecta collegit, correxit, edidit Ludovicus Ettmüllerus. Quedlinburgii et Lipsiae 1850. pp. 156 ff.

The Poetry of the Codex Vercellensis with an English Translation. Part II. By J. M. Kemble. London 1856. pp. 1 ff. (beruht im wesentlichen auf Grimm, nur selten ist auf den ersten druck zurückgegangen worden).

Henrici Leonis commentatio (quae de se ipso Cynevulfus sive Cenevulfus sive Coenevulfus poeta anglosaxonicus tradiderit). Halis 1857 (vgl. Dietrich in Eberts Jahrbuch I 241 ff.).

Bibliothek der angelsächsischen poesie herausgegeben von C. W. M. Grein. zweiter band. Goettingen 1858. pp. 105 ff. (vgl. Germ. 10, 424 f.).

Dichtungen der Angelsachsen stabreimend übersetzt von C. W. M. Grein. zweiter band. Goettingen 1859. (zweite ausgabe. Cassel und Goettingen 1863.) pp. 104 ff.

Kynewulfi poetae aetas aenigmatum fragmento e codice lugdunensi edito illustrata a Francisco Dietrich. Marburgi 1860.

De cruce ruthwellensi et de auctore versuum in illa inscriptorum scripsit Franciscus Ed. Christ. Dietrich. Marburgi 1865.

Max Rieger, Über Cynewulf in der Zeitschrift für deutsche philologie von Höpfner und Zacher. erster band. Halle 1869. pp. 215 ff. und 313 ff.

Cynewulfs Elene mit einem glossar herausgegeben von J. Zupitza. Berlin 1877 (vgl. die recensionen von E. Sievers in d. Anglia I 573 ff., K. Körner in d. Engl. studien II 252 ff., B. ten Brink im Anzeiger für deutsches altertum V 53 ff.).

Einleitung in das studium des angelsächsischen. von K. Körner. II. Heilbronn 1880. pp. 146 ff. und 266 ff. (vgl. E. Sievers in den Gött. gel. anz. vom 9. aug. 1880 pp. 997 ff. druckfehler bei Kr. habe ich nicht angeführt).

Anglosaxonica door P. J. Cosijn (separatabdruck aus d. Tijdschrift voor ndl. taal- en letterkunde, 1881).

Cynewulfs Elene mit einem glossar herausgegeben von J. Zupitza. Berlin 1883 (vgl. die recensionen von H. Varnhagen in der Deutschen litteraturzeitung 1884 sp. 426 f. und F. Kluge im Litteraturblatt 1884 sp. 138 f.).

Joseph Schürmann, Darstellung der syntax in Cynewulfs Elene (Münsterer dissert.). Paderborn 1884.

E. Sievers, Zur rhythmik des germanischen allitterationsverses in den Beiträgen von Paul und Braune 10, 209 ff. 453 ff. 12, 454 ff.

Otto Glöde, Cynewulfs Elene und ihre quelle (Rostocker diss.) 1885 und dessen Untersuchung über die quelle von Cynewulfs Elene in der Anglia 9, 271 ff. (vgl. die besprechung von Wolfgang Golther im Litteraturblatt 1887 sp. 261 ff.)

Philipp Frucht, Metrisches und sprachliches zu Cynewulfs Elene, Juliana und Crist (Greifswalder diss.) 1887.

R. P. Wülker, Bibliothek der ags. poesie begründet von Ch. W. M. Grein. II. band, 1. hälfte. Kassel 1888. pp. 126 ff.

Richard Francis Weymouth, A Literal Translation of Cynewulf's Elene [im selbstverlag des verfassers. London] 1888.

Hermann Leiding, Die sprache der Cynewulfschen dichtungen Crîst, Juliana und Elene. Marburg 1888 (vgl. F. Holthausen, Deutsche litteraturzeitung 1888 sp. 1114 f.).

Acta sanctorum maii collecta, digesta, illustrata a G. Henschenio et D. Papebrochio. tomus I. Antverpiae 1680. pp. 445ᵇ ff.

Mombritii Vitae sanctorum. Mediolani 1479. tomus I. fol. CCXII.

Jacobi Gretseri Opera omnia. tomus II. Ratisbonae 1734. pp. 417 ff.

Legends of the Holy Rood ed. R. Morris. London 1871.

Heilagra manna sǫgur ed. C. R. Unger. Christiania 1877. I. pp. 301 ff.

I.

ÞA wæs âgangen geâra hwyrftum
tûhund ond þrêo geteled rîmes,
swylce .xxx. êac, þinggemearces,
wintra for worulde, þæs þe wealdend god
5 âcenned wearð, cyninga wuldor,
in middangeard þurh mennisc hêo,
sôðfæstra lêoht: þâ wæs syxte geâr
Constantînes câserdômes,
þæt hê Rômwara in rîce wearð
10 âhæfen, hildfruma, tô heretêman.
wæs se lindhwata lêodgebyrga
eorlum ârfæst. æðelinges wêox
rîce under roderum. hê wæs riht cyning,
gûðweard gumena. hine god trymede
15 mærðum ond mihtum, þæt hê manegum wearð
geond middangeard mannum tô hrôðer,
werþêodum tô wræce, syððan wæpen âhôf
wið hettendum. him wæs hild boden,
wîges wôma. werod samnodan,
20 Hûna lêode ond Hrêðgotan,

I *Gm, f. hs ² geteledrîmes E ⁸ þrittig *Gm ⁷ h. lêoht *punkt Gm*,
strichpunkt E, komma Gn ‖ sixte E ¹¹ leodhwata, *Gn*, lêodhwate *K* ‖
lindgeborga, lêodgeborga? *Gn*, -gebyrg(e)a *tB* ¹² ædelnges, *Th* ¹⁴ guð
weard, *Th* ¹⁶ middang ‖ hrôðre *Gm* ¹⁷ siððan *Gm, vorher punkt Gm*,
nichts K, komma Gn ¹⁷ wræce]w *aus* r ¹⁸ hetendum, *R* ‖ him. *Th, punkt
vor him K, komma h.* him *Gm* ¹⁹ samnodon *Gm*

(¹⁻⁴¹ ᵃ) ¹ Anno ducentesimo tricesimo tertio post passionem domini nostri Iesu Christi regnante venerabili dei cultore, magno viro,
Constantino in sexto anno regni eius gens multa barbarorum congregata
est super Danubium parati ad bellum contra Romaniam. [Á þvi áre,

Zupitza, Cynewulfs Elene.   1

fôron fyrdhwate Francan ond Hûgas.

wǽron hwate weras . . . .

gearwe tô gûðe. gâras lîxtan,

wriðene wælhlencan. wordum ond bordum

25 hôfon herecumbol. þâ wǽron heardingas

sweotole gesamnod † ond eal geador.

fôr folca gedryht. fyrdlêoð âgôl

wulf on wealde, wælrûne ne mâð:

ûrigfeðera earn sang âhôf

30 lâðum on lâste. lungre scynde

ofer burgenta beaduþrêata mǽst

hergum tô hilde, swylce Hûna cyning

ymbsittendra âwer meahte

âbannan tô beadwe burgwîgendra.

35 fôr fyrda mǽst, fêðan trymedon

êoredcestum, þæt on ælfylce

deareðlâcende on Dânûbie

stærcedfyrhðe stæðe wîcedon,

ymb þæs wæteres wylm, werodes breahtme.

40 woldon Rômwara rîce geþringan,

hergum âhŷðan. þǽr wearð Hûna cyme

---

[21] hunas [22] *lücke Th*, hildemecgas *E*, on herebyrnan *Gn*, hereþrêatas *Kr*, hilde gefŷsde *S* [23] lixton *Gm* [25] here combol ‖ wǽren *E* [26] swêote? *Th* ‖ *die abkürzung für* ond *nachträglich v. ds. hd. eingefügt* ‖ *den mangel der allitteration bemerkt Th*, eal swêot *Gm*, eal sîðmægen *Gn*, swêot eal?? *tB*, sîðwerod eal *Kr*, eal sib *S. fehlen zwei halbverse!* [28] walde *Gm* [29] ûhtsang *E* [31] burg enta *oder* Burgendas *oder* Burgendan? *Gm*, bûrgeatu *oder* burggeatu? *E*, Burgenta *Gn* [33] âhwer *K* [34] beadre *Th (verb.? Th)* ‖ byrnwigendra? *Gn* [35] *vor* fyrda *ungefähr 5 buchstaben (wohl* fyrda) r. ‖ trymedan *K* [38] stearcedfyrhðe *Gm* [39] *punkt hinter* wylm *und nichts h.* breahtme *Gm, nichts h.* wylm *und komma (doppelpunkt Gn) h.* breahtme *E Gn*

---

er liðit var frá burð Cristz .cc. vetra oc.xxx. oc þrír vetr ... *Unger* 303,2 f. vgl. Ἔτους διακοσιοστοῦ τριακοστοῦ τρίτου ... ἦλθεν ἡ θεοφιλεστάτη Ἑλένη ... ἐν Ἱερουσαλήμ ... *Gretser* 426a].

([41b-68]) Nunciatum est autem regi Constantino . tunc congregans et ipse multitudinem exercitus profectus est obviam .et invenit eos, qui

cûð ceasterwarum. þâ se câsere heht
ongeân gramum gûðgelæcan
under earhfære ofstum myclum
45 bannan tô beadwe, beran ût þræce
rincas under roderum. wæron Rômware,
secgas sigerôfe, sôna gegearwod
wæpnum tô wîgge, þêah hîe werod læsse
hæfdon tô hilde, þonne Hûna cining
50 ridon ymb rôfne. þonne rand dynede,
campwudu clynede: cyning þrêate fôr,
herge, tô hilde. hrefen uppe gôl
wan ond wælfel. werod wæs on tyhte.
hlêopon hornboran, hrêopan friccan.
55 mearh moldan træd. mægen samnode,
câfe, tô cêase. cyning wæs âfyrhted,
egsan geâclad, siððan elþêodige,
Hûna ond Hrêða here, scêawedon,
ðæt þe on Rômwara rîces ende
60 ymb þæs wæteres stæð werod samnode,
mægen unrîme. môdsorge wæg
Rômwara cyning, rîces ne wênde
for werodlêste: hæfde wigena tô lŷt,
eaxlgestealna, wið ofermægene
65 hrôrra tô hilde. here wîcode,
eorlas, ymb æðeling êgstrêame nêah

---

⁴² vor þâ komma Gm, punkt K E ⁴³ gûð gelæcan vor Gn ⁴⁴ miclum
*Gm ⁴⁴ beadre *Th (verb.? Th) ⁴⁶ þone, Th ‖ cyning *Gm, dah. komma
Gm, strichpunkt Gn, punkt Kr ⁵⁰ komma h. rôfne Z¹ ⁵² hræfen Gm ‖
up âgôl *E ⁵³ ontyhte, Gm ⁵⁴ hlêopon] bleowon *Th (verb. Gm), blêowon
*E ‖ hreowan *Th (hrêopon Gm) ⁵⁵ samnodon? E ⁵⁶ câfe als adv. K und
Gn ⁵⁷ geaclað *Gm ⁵⁸ scêawede tB ⁵⁹ þæt *Z¹ ‖ þe Gn] he, hîe tB
⁶⁰ stæð, werod, samnodon tB ⁶³ weroldliste *K ⁶¹·⁶⁵ kommata much h.
ofermægene und brôrra tB ⁶⁵ hrora, Gm ⁶⁶ earlas *Th (verb. Gm)

---

vindicaverant Romaniae partes et erant secus Danubium. videns autem,
quia multitudo esset innumerabilis, contristatus est et timuit usque ad
mortem.

on nêawesto nihtlangne fyrst,
þæs þe hîe fêonda gefær fyrmest gesǽgon
þâ wearð on slǽpe sylfum ætýwed
70 þâm câsere, þær hê on corðre swæf,
sigerôfum gesegen swefnes wôma.
þûhte him wlitescýne on weres hâde
hwît ond hîwbeorht hæleða nâthwylc
geýwed ǽnlicra, þonne hê ǽr oððe sîð
75 gesêge under swegle. hê of slǽpe onbrægd
eofurcumble beþeaht. him se âr hraðe,
wlitig wuldres boda, wið þingode
ond be naman nemde (nihthelm tôglâd):
'Constantînus, heht þê cyning engla,
80 wyrda wealdend, wǽre bêodan,
duguða dryhten. ne ondrǽd þû ðê,
ðêah þê elþêodige egesan hwôpan,
heardre hilde. þû tô heofenum beseoh
on wuldres weard: þær ðû wraðe findest,
85 sigores tâcen'. hê wæs sôna gearu
þurh þæs hâlgan hǽs, hreðerlocan onspêon,
ûp lôcade, swâ him se âr âbêad,
fǽle friðowebba. geseah hê frætwum beorht
wlitî wuldres trêo ofer wolcna hrôf
90 golde geglenged : gimmas lîxtan.
wæs se blâca bêam bôcstafum âwriten

---

⁶⁷ first *Gm ⁶⁸ he, Th ⁶⁹ silfum *E ǁ w in ætywed aus p ⁷⁶ eofor-
cumble *E ⁷⁷ wiðþingode vor Gn ⁸² þeah *Th ǁ hwowan *Th (verb.
Gm) ⁸³ heofonum *E ⁸⁴ komma nach findest erst Z¹ ⁸⁶ hǽse E ⁸⁷ se âr
durch komma aus seâr ⁸⁹ wlitig Gm ⁹⁰ gelenged, Th ǁ lixton Gm
⁹¹ vor awriten zwei buchstaben (ar?) r.

(⁶⁹⁻⁰⁸) Ea vero nocte veniens vir splendidissimus suscitavit eum
et dixit: 'Constantine, noli timere, sed respice sursum in caelum et
vide'; et intendens in caelum vidit signum crucis Christi ex lumine
claro constitutum et desuper litteris scriptum titulum: 'in hoc vince'.
['In hoc signo vinces' Mombritius. 'Í þesso marki mantu sigr vega' Unger 303,11. 'On þisum tâcne ðû ofercymst and oferswiðest ealle þine
fiond' Morris 3]

beorhte ond lêohte : 'mid þŷs bêacne ðû
on þâm frêcnan fære fêond oferswîðesð,
geletest lâð werod'. þâ þæt lêoht gewât,
95 ûp sîðode ond se âr somed
on clænra gemang. cyning wæs þŷ blîðra
ond þê sorglêasra, secga aldor,
on fyrhðsefan þurh þâ fægeran gesyhð.

II.

HEHT þâ onlîce æðelinga hlêo,
100 beorna bêaggifa, swâ hê þæt bêacen geseah,
heria hildfruma, þæt him on heofonum ær
geîewed wearð, ofstum myclum,
Constantînus, Crîstes rôde,
tîrêadig cyning, tâcen gewyrcan.
105 heht þâ on ûhtan mid ærdæge
wîgend wreccan ond wæpenþræce,
hebban heorucumbul ond þæt hâlige trêo
him beforan ferian, on fêonda gemang
beran bêacen godes. bŷman sungon
110 hlûde for hergum. hrefn weorces gefeah,
ûrigfeðra earn sîð behêold,
wælhrêowra wîg, wulf sang âhôf,
holtes gehlêða. hildegesa stôd.

---

⁹⁸ fære *Gm*, fære *Gn* || oferswiðdesð *Th* (oferswiðdest *Th*, oferswiðest
E) ⁹⁶ somod *E* ⁹⁷ sr *in* sorgleasra *auf rasur* ⁹⁸ gesihð *Gm* ¹⁰¹ herna
Th (herga *Z¹*), heriga *Kr* ¹⁰² geŷwed *K* || miclum *Gm* ¹⁰⁴ *komma hinter*
tâcen *Z¹* ¹⁰⁶ weccan *K* (*vgl. Gm anm.*) ¹⁰⁷ hebban *f.* *Th* ¹⁰⁸ him
zu v. 107 *Th* || *komma erst h.* gemang *Gn* ¹¹⁰ hræfn *Gm* ¹¹⁰⁻¹ *komma
erst h.* ûrigfeðra *Gm*, *schon h.* gefeah *K*

(⁹⁹⁻¹⁰⁴) Viso autem signo hoc rex Constantinus fecit similitudinem
crucis, quam viderat in caelo.

(¹⁰⁵⁻¹⁴⁷) Et surgens impetum fecit contra barbaros et fecit ante-
cedere signum crucis . et veniens cum suo exercitu super barbaros coepit caedere eos proxima luce . et timuerunt barbari et dederunt fugam
per ripas Danubii, et mortua est non minima multitudo . et dedit deus
in illa die victoriam regi Constantino per virtutem sanctae crucis.

þǽr wæs borda gebrec ond beorna geþrec,
₁₁₅ heard handgeswing ond herga gring,
syððan hêo earhfære ǽrest mêtton.
on þæt fǽge folc flâna scûras,
gâras ofer geolorand on gramra gemang
hetíend heorugrimme, hildenǽdran
₁₂₀ þurh fingra geweald forð onsendan.
stôpon stîðhîdige, stundum wrǽcon,
brǽcon bordhrêðan, bil in dufan,
þrungon þræchearde. þâ wæs þûf hafen,
segn, for swêotum, sigelêoð galen.
₁₂₅ gylden grîma, gâras lîxtan
on herefelda. hǽðene grungon,
fêollon friðelêase. flugon instæpes
Hûna lêode, swâ þæt hâlige trêo
ârǽran heht Rômwara cyning
₁₃₀ heaðofremmende. wurdon heardingas
wîde tôwrecene. sume wîg fornam,
sume unsôfte aldor generedon
on þâm heresîðe, sume healfcwice
flugon on fæsten ond feore burgon
₁₃₅ æfter stânclifum, stede weardedon
ymb Dânûbie, sume drenc fornam
on lagostrêame lîfes æt ende.
ðâ wæs môdigra mægen on luste,
êhton elþêoda ôð þæt ǽfen forð
₁₄₀ fram dæges orde: † daroð æsc flugon,
hildenǽdran. hêap wæs gescyrded,
lâðra lindwered. lýthwôn becwom

Hûna herges hâm eft þanon.

þâ wæs gesŷne, þæt sige forgeaf
145 Constantîno cyning ælmihtig
æt þâm dægweorce, dômweorðunga,
rîce under roderum, þurh his rôde trêo.
gewât þâ heriga helm hâm eft þanon
hûðe hrêmig (hild wæs gesceâden),
150 wîgge geweorðod. côm þâ wigena hlêo
þegna þrêate þrŷðbord stênan,
beadurôf cyning, burga nêosan.
heht þâ wigena weard þâ wîsestan
snûde tô sionoðe, þâ þe snyttro cræft
155 þurh fyrngewrito gefrigen hæfdon,
hêoldon higeþancum hæleða rædas.
ðâ þæs fricggan ongan folces aldor,
sigerôf cyning, ofer sîd weorod,
wære þær ænig yldra oððe gingra,
160 þê him tô sôðe secggan meahte,
galdrum cŷðan, hwæt se god wære,
blædes brytta, 'þê þis his bêacen wæs,
þê mê swâ lêoht ôðŷwde ond mîne lêode generede,
tâcna torhtost, ond mê tîr forgeaf,
165 wîgspêd wið wrâðum, þurh þæt wlitige trêo.'
hîo him andsware ænige ne meahton
âgifan tôgênes nê ful geare cûðon

---

¹⁴⁵ Constantîne *K ¹⁴⁹ die klammer zuerst E st. der kommata bei
Gm, doppelpunkt vor hild und punkt h. gesc. Gn ¹⁵⁰ keinen punkt Gn
¹⁵¹ þr. st. in klammern Kr ‖ scênan Gm, stunan oder stêndan Kr, doch
behält er im text stênan ¹⁵⁶ hygeþancum *Gm ‖ hæleðas Gm (er gibt
hæleða als die handschriftliche lesart) ¹⁵⁷ fricgan E ¹⁵⁹ gyngra E
¹⁶⁰ secgan E ¹⁶² boldes, goldes Kr, blôdes? W ‖ bêacon *K ¹⁶⁶ hie *E

(¹⁴⁸⁻¹⁷¹) ² Veniens autem rex Constantinus in suam civitatem con-
vocavit omnes sacerdotes omnium deorum vel idolorum et quaerebat
ab eis, cuius vel quid esset hoc signum crucis, et non poterant dicere
ei . responderunt autem quidam ex ipsis et dixerunt: 'hoc signum cae-
lestis dei est'.

sweotole gesecggan be þâm sigebêacne.

þâ þâ wîsestan wordum cwædon

170 for þâm heremægene, þæt hit heofoncyninges
tâcen wære ond þæs twêo nære.

þâ þæt gefrugnon, þâ þurh fulwihte
lærde wæron, him wæs leoht sefa,
ferhð gefêonde, þêah hira fêa wæron,

175 ðæt hîe for þâm câsere cŷðan môston
godspelles gife, hû se gâsta helm
in þrŷnesse þrymme geweorðad
âcenned weard, cyninga wuldor,
ond hû on galgan weard godes âgen bearn

180 âhangen for hergum heardum wîtum,
âlŷsde lêoda bearn of locan dêofla,
geômre gâstas, ond him gife sealde
þurh þâ ilcan gesceaft, þê him geŷwed weard
sylfum on gesyhðe sigores tâcen

185 wið þêoda þræce, ond hû ðŷ þriddan dæge
of byrgenne beorna wuldor,
of dêaðe, ârâs, dryhten ealra
hæleða cynnes, ond tô heofonum âstâh.

---

[168] *unter dem c von* gesecggan *scheint nach W ein punkt zu stehen,
nach N eher ein teil eines buchstaben, der zuerst st.* o *in* cwædon 169
geschrieben, dann aber ausradiert wurde; gesecgan E [173] *doppelpunkt h.*
wæron K, him — [174] wæron *in klammern Kr* [174] *doppelpunkt h.* wæron W
[173] þæt *Th* [177] þrinesse *Gm* [179] gealgan *Gn* [182] scealde *Th (verb. Th)*
[183] ylcan *E* [184] silfum *E* || gesihðe *Gm* || tacne [187] *komma h.* ealra E

([173-188]) Audientes autem hoc pauci christiani, qui erant eodem
tempore, venerunt ad regem et evangelizaverunt ei mysterium trinitatis
et adventum filii dei, quemadmodum natus est et crucifixus et tertia
die resurrexit. mittens autem rex Constantinus ad Eusebium, episcopum
urbis Romae [sanctum Siluestrum papam *ms. s. Maximini*], fecit eum
venire ad se, et catechizavit (*gedruckt* catezizavit) eum fidem christianorum
et omnia ministeria et baptizavit eum in nomine domini nostri Iesu
Christi, et confirmatus est in fide Christi. [þo þe emperour of þe holy
roode so feir miracle iseigh, He let him baptizen of seint Siluestre, þe
pope, þat þo was neih *Morris 37,227 f*].

đus glêawlîce gâstgerŷnum
190 sægdon sigerôfum, swâ fram Siluestre
lærde wæron. æt þâm se lêodfruma
fulwihte onfêng ond þæt forð gehêold
on his dagana tîd dryhtne tô willan.

III.

ÐA wæs on sælum sinces brytta,
195 nîðheard cyning. wæs him nîwe gefêa
befolen in fyrhðe. wæs him frôfra mæst
ond hyhta hîhst heofonrîces weard.
ongan þâ dryhtnes æ dæges ond nihtes
þurh gâstes gife georne cŷðan,
200 ond hine, sôðlîce, sylfne getengde
goldwine gumena in godes þêowdôm
æscrôf, unslâw. þâ se æðeling fand,
lêodgebyrga, þurh lârsmiðas
gûðheard, gârþrîst on godes bôcum,
205 hwær âhangen wæs heriges beorhtme
on rôde trêo rodora waldend
æfstum þurh inwit, swâ se ealda fêond
forlærde ligesearwum lêode, fortyhte
Iûdêa cyn, þæt hîe god sylfne
210 âhêngon, herga fruman : þæs hîe in hŷnðum sculon

---

190 Silvestre E, obwohl bei ihm v = w 191 komma h. wæron Gm,
strichpunkt E, doppelpunkt Gn 194 salum *Th 197 hyht nihst || w in weard
aus r 199 e r. h. cyðan 202 urslaw *Th (verb. Gm) 204 garþrist auf r.
205 bearhtme Gn 206 treow *Th || rodera *K 207 doppelpunkt h. inwit K,
punkt Kr || swâ hîe S 208 lygesearwum *Gm || komma vor lêode und h.
fort. Gn 210 komma h. fruman Gm

(194–202a) Iussit autem aedificari ubique ecclesias, templa vero
idolorum destrui. erat autem beatus Constantinus perfectus in fide et
fervens spiritu sancto exercebatur in sanctis evangeliis Christi.

(202b – 219a) Cum didicisset autem a sanctis evangeliis [Cumque didicisset a sanctis Mombritius], ubi esset dominus crucifixus [gedruckt
crucifiuxs], misit suam matrem Helenam, ut exquireret sanctum lignum
crucis domini et in eodem loco aedificaret ecclesiam.

tô wîdan feore wergðu drêogan.
þâ wæs Crîstes lof þâm câsere
on firhðsefan † forð gemyndig
ymb þæt mære trêo ond þâ his môdor hêt
215 fêran foldwege folca þrêate
tô Iûdêum, georne sêcan
wigena þrêate, hwær se wuldres bêam
hâlig under hrûsan hŷded wære,
æðelcyninges rôd. Elene ne wolde
220 þæs sîðfates sæne weorðan
nê ðæs wilgifan word gehyrwan,
hiere sylfre suna, ac wæs sôna gearu
wîf on willsîð, swâ hire weoruda helm,
byrnwîggendra, beboden hæfde.
225 ongan þâ ofstlîce eorla mengu
tô flote fŷsan. fearoðhengestas
ymb geofenes stæð gearwe stôdon,
sælde sæmear'as, sunde getenge.
ðâ wæs orcnæwe idese sîðfæt,
230 siððan wæges welm werode gesôhte.
þær wlanc manig æt wendelsæ

---

²¹³ fyrhð *las* W, *indem er sich durch den oberen strich von* þ *in* þa
214 verführen liess ‖ *vor* forð *sind wohl zwei kurzverse ausgefallen,
die etwa lauteten* fæste bewunden, | folces aldor (*od.* hyrde, ræswa *u. dgl.;
nicht* fruma, *wie* Z¹) ²¹⁵ flôdwege *Gn* ²¹⁵ *f. komma h.* þrêate, *nichts h.*
Iûdêum *Gn* ²¹⁷ þrêate] werode *tB* ²²¹ gehyr(w)an ²²² sylfne *°K* ‖ o *in*
sona *geflossen* ²²³ wilsið *°K* ²²⁸ snude *bei Th druckfehler* (*vergl. s.* 138)
²²⁹ on cnâwen? *Th,* oncnâwe *Gm,* oncnæwe *°K* ²³⁰ helm, holm *Gm* ‖
komma h. gesôhte *Gn*

(²¹⁹ b – ²⁶⁵) Gratia autem spiritus sancti requievit in beatissima matre
Constantini imperatoris Helena; haec autem in omnibus scripturis se
exercebat et nimiam in domino nostro Iesu Christo possedit dilectionem,
postmodum et salutare sanctae crucis lignum exquisivit. cum legisset
autem intente adventum humanitatis salvatoris nostri Iesu Christi et
crucis eius assumptionem et a mortuis resurrectionem, non est moras
passa, donec victoriae Christi invenit lignum, ubi dominicum et sanctum
fixum est corpus. invenit autem illud hoc modo.

on stæðe stôdon. stundum wræcon
ofer mearcpaðu, mægen æfter ôðrum,
ond þâ gehlôdon hildesercum,

235 bordum ond ordum, byrnwîgendum,
werum ond wîfum wæghengestas.
lêton þâ ofer fîfelwæg fâmige scrîðan
bronte brimþissan. bord oft onfêng
ofer earhgeblond ŷða swengas.

240 sæ swinsade. ne hŷrde ic sîð nê ær
on êgstrêame idese lædan,
on merestræte, mægen fægerre.
þær meahte gesîon, sê ðone sîð behêold,
brecan ofer bædweg brimwudu, snyrgan

245 under swellingum, sæmearh plegean,
wadan wægflotan. wigan wæron blîðe
collenferhðe: cwên sîðes gefeah.
syþþan tô hŷðe hringedstefnan
ofer lagofæsten geliden hæfdon

250 on Crêca land, cêolas lêton
æt sæfearoðe sunde bewrecene,
ald ŷðhofu, oncrum fæste
on brime bîdan beorna geþinges,
hwonne hêo sîo gûðcwên gumena þrêate

255 ofer êastwegas eft gesôhte.
ðær wæs on eorle êðgesŷne
brogden byrne ond bill gecost,
geatolic gûðscrûd, grîmhelm manig,
ænlic eoforcumbul. wæron æscwigan,

260 secggas ymb sigecwên, sîðes gefŷsde.

---

[233] mearc waðu *Th (verb. Gn) [236] punkt vor wægh. Gm, dahinter
K [237] ton in leton auf r. || a in famige aus æ r., fæmige *K [238] brim
þisan [243] merestæte *Gm, meres stræte *K || fægrre, Th [244] komma vor
brimwudu Gm || myrgan *K [245] spellingum, *Th || plegan *Th [247] komma
vor cwên u. nach gefeah Gm [248] syððan *Th, siððan *Gm [250] punkt h.
land Gm [251] sande, ? Gn [252] hofu *Th] liofu [253] bidan] n aus m
[254] hwone, Gn || kicke hinter sio Th [260-1] keine interp. h. gefŷsde u.

fyrdrincas frome fôron on luste
on Crêca land, câseres bodan,
hilderincas hyrstum gewerede.
þær wæs gesŷne sincgim locen
265 on þâm herebþrêate, hlâfordes gifu.
  wæs sêo êadhrêðige Elene gemyndig
þrîste on geþance þêodnes willan,
georn on môde, þæt hîo Iûdêa
ofer herefeldas hêape gecoste
270 lindwîgendra land gesôhte,
secga þrêate; swâ hit sidðan gelamp
ymb lŷtel fæc, þæt ðæt lêodmægen,
gûðrôfe hæleþ, tô Hierusalêm
cwômon in þâ ceastre cordra mæste,
275 eorlas æscrôfe, mid þâ æðelan cwên.

IIII.

HEHt ðâ gebêodan burgsittendum
þâm snoterestum sîde ond wîde
geond Iûdêas, gumena gehwylcum,

---

komma h. frome Gm, komma h. gef. u. nichts h. fr. K, komma h gef.
u. doppelpunkt h. fr. Gn ²⁶⁵ obwohl Th schon im texte here-þreate gibt,
fragt er in der fussnote -þreate? ²⁶⁶ êadhrêðige *Gm, êadhrêdige *K ||
komma am ende Gm K ²⁶⁷ komma vor þêod. w. Gm, vorher u. dah. K
komma nur dah. Gn ²⁶⁸ iudeas ²⁷¹ komma h. þrêate Gm, doppelpunkt
K, punkt Gn ²⁷³ Gerusalem oder Ierusalem tB ²⁷³ ein (zufälliger?)
punkt unter o in geond

(²⁶⁶⁻²⁶⁷) ⁵ Vicesima et octava die secundi mensis in sanctam civitatem Hierusalem introivit una cum exercitu magno et congregavit in ea congregationem magnam de impiissima gente Iudaeorum. non solum autem eos, qui in ea erant civitate, sed et eos, qui in circuitu erant, castellis, possessionibus vel civitatibus, Iudaeos congregari praecepit. erat autem Hierusalem deserta tempore illo, ut vix invenirentur omnes Iudaei tria millia virorum. * ⁴ quos convocans beatissima Helena dixit ad eos.
    * drei von den vier hss. der Bollandisten haben hier eine interpolation aus Ruffinus.

meðelhǽgende on gemôt cuman,
280 þâ ðe dêoplîcost dryhtnes gerŷno
þurh rihte ǽ reccan cûðon.
ðâ wæs gesamnod of sîdwegum
mægen unlŷtel, þâ ðe Moyses ǽ
reccan cûðon. þǽr on rîme wæs
285 þrêo .m̄. þǽra lêoda
âlesen tô lâre. ongan þâ lêoflic wîf
weras Ebrêa wordum nêgan:
'ic þæt gearolîce ongiten hæbbe
þurg wîtgena wordgerŷno
290 on godes bôcum, þæt gê geârdagum
wyrðe wǽron wuldorcyninge,
dryhtne dŷre ond dǽdhwæte.
hwǽt, gê þǽre snyttro † unwîslîce,
wrâðe, wiðwurpon, þâ gê wergdon þane,
295 þê êow of wergðe þurh his wuldres miht,
fram lîgcwale, lŷsan þôhte,
of hæftnêde. gê mid horu spêowdon
on þæs andwlitan, þê êow êagena lêoht,

---

279 meðel hengende, *Gm* **284** *komma h.* cûðon (cûððon **K*) *Gm*,
doppelpunkt K **285** þûsend **Gm*, þûsendu *S* **287** hnǽgan *K* **289** þurh
*Gn || wîtigena *R* **293** *'the alliterative and governing word is wanting'*
Th, swicon am ende *Gm*, swicon vor ðǽre *K* (*wohl aus versehen, da*
die lücke am ende bezeichnet wird), sôð *und später* swiðe *vor* unw. (*und*
v. 294 wraðe) *Gn*, swicon vor unw.? *S*, ealre *st.* þǽre (*und v.* 294 wraðe)
tB, sâmwîslîce *st.* unw. *C* **294** wiðweorpon, *Gm* **295** wuldre (*dah. rasur [viel-*
leicht eines s *nach N] nach Knöll und N, nach W vielmehr mürbes per-*
gament darüber), *Th* (wuldres *verdruckt Gm*)

(**287—319**) Cognovi de sanctis libris propheticis, quia fuistis dilecti
dei, sed, quia repellentes omnem sapientiam eum, qui volebat de male-
dicto vos redimere, maledixistis et eum, qui per sputum oculos vestros
illuminavit, immundis potius sputis iniuriastis et eum, qui mortuos
vestros vivificabat, in mortem tradidistis et lucem tenebras existimastis
et veritatem mendacium, pervenit in vos maledictum, quod est in lege '
vestra scriptum. nunc autem eligite ex vobis viros, qui diligenter sciunt
legem vestram, ut respondeant mihi, de quibus interrogavero eos.

fram blindnesse bôte gefremede
300 ednîowunga þurh þæt æðele spâld
ond fram unclǽnum oft generede
dêofla gâstum. gê tô dêaþe þone
dêman ongunnon, sê ðe of dêaðe sylf
worn âwehte on wera corþre
305 in þæt ǽrre lîf êowres cynnes.
swâ gê môdblinde mengan ongunnon
lige wið sôðe, lêoht wið þŷstrum,
æfst wið âre, inwitþancum
wrôht webbedan. êow sêo wergðu forðan
310 sceðþeð scyldfullum. gê þâ scîran miht
dêman ongunnon ond gedwolan lifdon,
þêostrum geþancum, ôð þysne dæg.
gangaþ nû snûde, snyttro geþencaþ
weras wîsfæste, wordes cræftige,
315 þâ ðe êowre ǽ æðelum † cræftige
on ferhðsefan fyrmest hæbben,
þâ mê sôðlîce secgan cunnon,
andsware cŷðan for êowic forð
tâcna gehwylces, þê ic him tô sêce'.
320 êodan þâ on gerûm rêonigmôde
eorlas ǽclêawe, egesan geþrêade,
gehðum geômre, georne sôhton
þâ wîsestan wordgerŷno,
þæt hîo þǽre cwêne oncweðan meahton

(320—351) Qui abeuntes cum timore et multas quaestiones inter semet ipsos facientes invenerunt legis doctores numero mille et adduxerunt eos ad Helenam testimonium perhibentes eis, quod legis scientiam multam haberent.

325 swâ tiles, swâ trâges, swâ hîo him tô sôhte.
hîo þâ on þrêate .m̅. manna
fundon ferhðglêawra, þâ þe fyrngemynd
mid Iûdêum gearwast cûðon.
þrungon þâ on þrêate, þǽr on þrymm'e bâd
330 in cynestôle câseres mǽg,
geatolic gûðcwên golde gehyrsted.
Elene maþelode ond for eorlum spræc:
'gehŷrað, higeglêawe, hâlige rûne,
word ond wîsdôm. hwæt, gê wîtgena
335 lâre onfêngon, hû se lîffruma
in cildes hâd cenned wurde,
mihta wealdend. be þâm Moyses sang
ond þæt *word* gecwæð, weard Israhela:
"êow âcenned bið cniht on dêgle
340 mihtum mǽre, swâ þæs môdor ne bið

---

³²⁵ þúsenda *Gm*, þúsend *Gn* ³³³ hyge glêawe *Gm* ³³⁴ *komma h.*
wîsdôm *Gm*, *ausrufungszeichen K* || *keine interp. h.* hwæt *Gm*, *ausruf. Gn*
³³⁷ *komma h.* wealdend *Gm* ³³⁸ word *ergänzt Gn*

(³³²⁻³⁷⁰) Helena autem dixit ad eos: 'audite mea verba, auribus
percipite meos sermones. non enim intellexerunt patres vestri neque vos
in sermonibus prophetarum, quemadmodum de adventu Christi pro-
phetaverunt, quia prius dictum est [ergo hoc hodie vos interrogo, quod
prior Moyses dixit *Mombritius; πρῶτος Μωσῆς περὶ αὐτοῦ εἶπεν
Gretser* 430b]: "puer nascetur, et mater eius virum non agnoscet"
[*hier noch* et iterum laudationum conscriptor David dicit: "providebam
dominum in conspectu meo semper, quoniam a dextris est mihi, ne
commovear" *Mombritius; καὶ πάλιν ὁ ὑμνογράφος (ὑμνῳδός* 426b.
431a) *Δαυίδ (ἔλεγε* 431a), *Προωρώμην τὸν κύριον ἐνώπιον ἐμοῦ
(ἐνώπιόν μου* 426b. 431a) *διὰ παντὸς (dahinter noch καὶ πάλιν* 430a),
ὅτι ἐκ δεξιῶν μου ἐστίν, ἵνα μὴ σαλευθῶ Gretser 418. 426b. 431a];
et Isaias vobis dixit: 'filios genui et exaltavi, ipsi autem spreverunt me:
cognovit bos possessorem suum et asinus praesepe (*gedruckt* persæpe)
domini sui, Israel autem me non cognovit, et populus meus me non
intellexit"; et omnis scriptura de ipso locuta est. qui sciebatis legem,
errastis: nunc autem eligite ex vobis, qui diligenter noverint scientiam
legis, ut ad interrogationes meas dent responsum'. et militibus iussit, ut
custodirent eos cum summa diligentia.

wæstmum geêacnod þurh weres frîge”.

be ðâm Dâuid cyning dryhtlêoð âgôl,
frôd fyrnweota, fæder Salomônes,
ond þæt word gecwæþ, wigona baldor:
345 “ic frymþa god fore scêawode,
sigora dryhten. hê on gesyhðe wæs,
mægena wealdend, mîn on þâ swîðran,
þrymmes hyrde. þanon ic ne wende
æfre tô aldre onsîon mîne”.

350 swâ hit eft be êow Essâias
wîtga for weorodum wordum mælde
dêophycggende þurh dryhtnes gâst:
“ic ûp âhôf eaforan ginge
ond bearn cende, þâm ic blæd forgeaf,
355 hâlige higefrôfre: ac hîe hyrwdon mê,
fêodon þurh fêondscipe, nâhton foreþancas,
wîsdômes gewitt, ond þâ wêręgan nêat,
þê man daga gehwâm drîfeð ond þirsceð,   ·
ongitaþ hira gôddênd, nales gnyrnwræcum
360 fêogað frŷnd hiera, þê him fodder gifað.
ond mê Iarahela æfre ne woldon
folc oncnâwan, þêah ic feala for him
æfter woruldstundum wundra gefremede”.

V.

HWÆT, wê þæt gehŷrdon þurh hâlige bêc,
365 þæt êow dryhten geaf dôm unscyndne,
meotod, mihta spêd, Moyse sægde,
hû gê heofoncyninge hŷran sceoldon,

---

341 geacnod *Th (verb. Gn) 344 worð *Gm ‖ wigena *K 345 frumþa,
? Gn, frymða *Z¹ ‖ fore sc. getrennt Gn 348 hirde *Gm ‖ weno,? Th, wênde
Gm 351 wîtga zog man vor Gn zu 350 352 dêophycgende (vergl. s. 416)
*Gn 353 gingne 355 hygefrôfre *Gm ‖ þe 356 foreþances, S 357 punkt h.
gewitt tB ‖ ond] hwæt! tB 360 gifeð; dahinter komma (höchstens kolon)
tB 362 fela *Gm 366 Moyses *K

lâre lǽstan. êow þæs lungre âþrêat,
ond gê þâm ryhte wiðroten hæfdon,

370 onscunedon þone scîran scippend eallra,
dryhtna dryhten, ond gedwolan fylgdon
ofer riht godes. nû gê raþe gangaþ
ond findaþ gên, þâ þe fyrngewritu
þurh snyttro cræft sêlest cunnen,

375 ǽriht êower, þæt mê andsware
þurh sidne sefan secgan cunnen'.
êodan ðâ mid mengo môdcwânige
collenferhðe, swâ him sîo cwên bebêad,
fundon þâ .d. forþsnotterra

380 âlesen lêodmǽga, þâ ðe leornungcræft
þurh môdgemynd, mǽste hæfdon
on sefan snyttro. hêo tô salore eft
ymb lŷtel fæc laðode wǽron,
ceastre weardas. hîo sîo cwên ongan

385 wordum genêgan (wlât ofer ealle):
'oft gê dyslîce dǽd gefremedon,
wêrge wræcmæcggas, ond gewritu herwdon,
fædera lâre, nǽfre furður, þonne nû,
ðâ gê blindnesse bôte forsêgon

390 ond gê wiðsôcon sôðe ond rihte,

---

[368] þæs] wæs *Th (verb. Gn, der indessen später wæs beibehalten
wollte) [369] rihte *Gm [370] vor Gn schloss man den vers mit scippend; sc.
êowerne Z¹ || eal||lra] ealra *Th, earlra *K [371] dryhtna erg. Gn [372] hraðe
Gm [373] findaþ *Th(verb.*Gm) [377] êodon Gm [378] bead, S [379] funden, funde
*Th, Gm || fîfhund Gm || forþ snottera, Gm; foresnottera? Th [381] keine
interp. Gm, komma h. hæfdon K [385] gehnǽgan K [387] -mæcgas *Th

---

(377—395) [b] Consilio autem facto inter se elegerunt optimos legis
doctores, viros numero quingentos, et venientes steterunt in conspectu
Helenae; quae dixit: 'qui sunt hi?' at illi (gedruckt ille) dixerunt: 'hi
sunt, qui optime noverunt legem'. et coepit iterum dicere ad eos: 'vos quam
stulti estis, filii Israel, secundum scripturas, qui patrum vestrorum caeci-
tatem secuti estis; qui dicitis Iesum non esse filium dei; qui legistis
legem et prophetas et non intellexistis'.

Zupitza, Cynewulfs Elene.   2

þæt in Bethleme bearn wealdendes,
cyning ânboren, cenned wǽre,
æðelinga ord. þêah gê þâ ǽ cûðon,
wîtgena word, gê ne woldon þâ,
395 synwyrcende, sôð oncnâwan'.
hîe þâ ânmôde andsweredon:
'hwæt, wê ebreisce ǽ leornedon,
þâ on fyrndagum fæderas cûðon,
æt godes earce, nê wê geare cunnon,
400 þurh hwæt ðû ðus hearde, hlǽfdige, ûs
eorre wurde. wê ðæt ǽbylgð nyton,
þê wê gefremedon on þysse folcscere,
þêoden bealwa wið þec ǽfre'.
Elene maðelade ond for eorlum spræc
405 undearninga, ides reordode
hlûde for herigum: 'gê nû hraðe gangað,
sundor âsêcaþ, þâ ðe snyttro mid êow
mægn ond môdcræft mǽste hæbben,
þæt mê þinga gehwylc þrîste gecŷðan
410 untrâglîce, þê ic him tô sêce'.
êodon þâ fram rûne, swâ him sîo rîce cwên

---

³⁹² wǽre | wǽre, *Th ³⁹³ komma h. ord Gm, strichpunkt K, doppel-punkt Gn ³⁹⁴ witg(e)na ³⁹⁶ andsweï am rande nachgetr., Th, and-sweredan *K ³⁹⁸ komma h. cuðon Gn, gestr. von tB (vergl. Gn übers.) ³⁹⁹ eare, Th || cunnun *Gm ⁴⁰⁰ þu *Th ⁴⁰¹ ǽby:lgð ⁴⁰² ðæt *K || þisse *Gm || lücke zwischen 402 und 403? ⁴⁰³ þeoden, þeodon *Th, þêoddon Gm, mit bealwa zu einem compositum verbunden W ⁴⁰⁴·⁵ komma h. spræc und nichts h. und. Gm ⁴⁰⁶ vor hlude scheint 1 buchst. r. ⁴⁰⁷ komma h. êow Z¹ (vgl. übers. bei K) ⁴¹¹ cwen auf r.

(³⁹⁶⁻⁴¹⁰) Illi autem dixerunt: 'nos quidem et legimus et intelligimus. pro qua causa talia nobis dicis, domina? manifesta nobis, ut et nos cognoscentes respondeamus de his, quae a te dicuntur'. ipsa autem dixit iterum ad eos: 'adhuc euntes eligite meliores legis doctores'. [Πορευ-θέντες (πάλιν zugefügt 419) κατ' ἰδίαν ἐπιλέξασθε Gretser 419.427a. 431b].
(⁴¹¹⁻⁴⁴⁰) Qui cum irent, dicebant intra se: 'pro qua causa, putas, hunc laborem facit nobis regina?' unus ex eis nomine Iudas dixit: 'ego

bald in burgum beboden hæfde,
geômormôde georne smêadon,
sôhton searoþancum, hwæt sîo syn wære,
415 þê hîe on þâm folce gefremed hæfdon
wið þâm câsere, þê him sîo cwên wite.
þâ þær for eorlum ân reordode
gidda gearosnotor (ðâm wæs Iûdas nama),
wordes cræftig : 'ic wât geare,
420 þæt hîo wile sêcan be ðâm sigebêame,
on ðâm þrôwode þêoda waldend
eallra gnyrna lêas, godes âgen bearn,
þone † scyldum eofota gehwylces
þurh hete hêngon on hêanne bêam
425 in fyrndagum fæderas ûsse.
þæt wæs þrêalic geþôht. nû is þearf mycel,
þæt wê fæstlîce ferhð staðelien,
þæt wê ðæs morðres meldan ne weorðen,
hwær þæt hâlige trîo beheled wurde
430 æfter wîgþræce, þŷ læs tôworpen sîen
frôd fyrngewritu ond þâ fæderlîcan
lâre forlêten. ne bið lang ofer ðæt,
þæt Israhela æðelu môten
ofer middangeard mâ rîcsian,
435 æcræft eorla, gif ðis yppe bið;
swâ þâ þæt ilce giô mîn yldra fæder

---

scio, quia quaestionem vult facere ligni, in quod Christum suspenderunt patres nostri. videte ergo, nemo ei confiteatur; nam vere destruentur paternae traditiones, et lex ad nihilum redigetur. Zachaeus autem, avus meus, praenunciavit patri meo, et pater meus, cum moreretur, adnunciavit mihi dicens.

sigerôf sægde (þâm wæs Sachîus nama),
frôd fyrnwiota, fædere mînum,

. . . . eaferan

440 (wende hine of worulde) ond þæt word gecwæð:
"gif þê þæt gelimpe on lîfdagum,
þæt ðû gehŷre ymb þæt hâlige trêo
frôde frignan ond geflitu ræran
be ðâm sigebêame, on þâm sôðcyning

445 âhangen wæs, heofonrîces weard,
eallre sybbe bearn, þonne þû snûde gecŷð,
mîn swæs sunu, ær þec swylt nime.
ne mæg æfre ofer þæt Ebrêa þêod,
rædþeahtende, rîce healdan,

450 duguðum wealdan, ac þâra dôm leofað
ond hira dryhtscipe . . . .
in woruld weorulda willum gefylled,
ðê þone âhangnan cyning heriaþ ond lofiað".

VI.

Þ A ic fromlîce fædere mînum,

455 ealdum æwitan, âgeaf andsware:
"hû wolde þæt geweorðan on woruldrîce,
þæt on þone hâlgan handa sendan

---

[437] sacheus *Th* [438] fæder, S ‖ minum] sinum *K* [439] Gn, der die
lücke erkannte, ergänzt þê hit sidðan cŷdde sylfa (sylfa Sŷmon Golther)
his [440] sibbe *Gm* [447] komma h. nime Gm, ausrufungsz. Gn [461] die
lücke bemerkt Th, mid yldum dêah Gm, bið gedŷrsod æfre und später
drêames brûced Gn [453] (de) ‖ âhangen *K* [464] fæder, S [467] hû] þû
Gm (verlesen)

([441—453]) [6] "Vide, fili, cum quaestio facta fuerit de ligno, in quod
Christum suspenderunt patres nostri, manifesta illud [φανέρωσον αὐτὸ ἐν
τάχει Gretser 419], antequam crucieris: iam enim amplius Hebraeorum
genus non regnabit, sed regnum eorum erit, qui adorant crucifixum
[ἔσται ἡ βασιλεία καὶ ἡ δόξα τὸν ἐσταυρωμένον προςκυνούντων Gretser
419], ipse autem regnabit in seculum seculi."

([454—461]) Ego vero dixi ei: "pater, si ergo sciebant patres nostri, quia
ipse esset Christus, quare manus suas iniecerunt in eum?"

tô feorhlege fæderas ûsse
þurh wrâð gewitt, gif hîe wiston ǽr,
460 þæt hê Crîst wǽre, cyning on roderum,
sôð sunu meotudes, sâwla nergend?"
ðâ mê yldra mîn âgeaf andsware,
frôd on fyrhðe fæder reordode:
"ongit, guma ginga, godes hêahmægen,
465 nergendes naman. sê is niðða gehwâm
unâsecgendlic. þone sylf ne mæg
on moldwege man âspyrigean.
nǽfre ic þâ geþeahte, þê þêos þêod ongan,
sêcan wolde, ac ic symle mec
470 âscêd þâra scylda, nales sceame worhte
gâste mînum. ic him georne oft
þæs unrihtes andsæc fremede,
þonne ûðweotan æht bisǽton,
on sefan sôhton, hû hîe sunu meotudes
475 âhêngon, helm wera, hlâford eallra,
engla ond elda, æðelust bearna.
ne meahton him swâ disige dêað ôðfæstan
weras wonsǽlige, swâ hîe wêndon ǽr,
sârum settan, þêah hê sume hwîle
480 on galgan his gâst onsende,
sigebearn godes. þâ siððan wæs
of rôde âhæfen rodera wealdend,

---

⁴⁶¹ wawla *Th (verb. *Gm) ⁴⁶⁴ genga *Th, geonga *K ⁴⁶⁵ punkt h. naman Gm, komma K ∥ niða ⁴⁶⁶ komma in cäsur Gm ⁴⁶⁹ simla *Gm ⁴⁷³ besǽton
*Th ⁴⁷⁵ kein komma h. eallra Gm ⁴⁷⁶ beorna *Gm ⁴⁷⁷ hie ∥ deaðe *K
⁴⁷⁸ komma h. ǽr 'erst Gn ⁴⁸⁰ff. fleck auf o in onsende, auf hæf in
ahæfen und auf þrym ⁴⁸² rôd *K ∥ d in rodera aus ð

(⁴⁶²⁻⁴⁸⁹ᵃ) Dixit autem mihi: "audi me, fili, et cognosce eius ine-
narrabile nomen, quia numquam consiliatus sum neque conveni cum eis,
sed multoties contradicebam illis. sed, quia arguebat seniores et ponti-
fices nostros, ideo condemnaverunt eum crucifigi putantes mortificare
immortalem; quem et deponentes de ligno sepelierunt. ipse autem se-
pultus post tertium diem surrexit et manifestavit se suis discipulis.

eallra þrymma þrym, þrêo niht sȋððan
in byrgenne bȋdende wæs
485 under þêosterlocan ond þâ þŷ þriddan dæg,
ealles lêohtes lêoht, lifgende ârâs,
ðêoden engla, ond his þegnum *hine*,
sôð sigora frêa, seolfne geŷwde
beorht on blǣde. þonne brôðor þȋn
490 onfêng æfter fyrste fulwihtes bæð,
lêohtne gelêafan. þâ for lufan dryhtnes
Stêphanus wæs stânum worpod,
ne geald hê yfel yfele, ac his ealdfêondum
þingode þrohtherd, bæd þrymcyning,
495 þæt hê him þâ wêadǣd tô wrǣce ne sette,
þæt hȋe for æfstum unscyldigne,
synna lêasne, Sawles lârum
feore berǣddon, swâ hê þurh fêondscipe
tô cwale monige Crȋstes folces
500 dêmde, tô dêaþe. swâ þêah him dryhten eft
miltse gefremede, þæt hê manegum *wearð*

---

⁴⁸³ þrimma *K ‖ *punkt h.* þrym *Gm*, *komma K, doppelpunkt Gn*
⁴⁸⁷ þeoden *Th ‖ hine *erg. Gn* ⁴⁸⁸ *f. fleck auf* se *in* seolfne *und* oð *in*
broðor ‖ geŷwde *Gm* ⁴⁹² *strichpunkt h.* worpod *K* ⁴⁹³ ac] æt *Th (verb.*
K u. Gn) ⁴⁹⁴ þrohtheard *Gm* ⁴⁹⁶ he, *K u. Gn* ⁴⁹⁷ sawles, savles
Gm, Sawles *K,* Saules *Gn* ⁴⁹⁸ *punkt vor* swâ *Gn* ⁵⁰⁰ *komma h.* dêaþe
Gm, strichpunkt K ⁵⁰¹ wearð *erg. K und Gn*

(⁴⁸⁵ᵇ⁻⁵²⁷) Unde credidit Stephanus, frater tuus, et coepit docere
in nomine eius, et consilio facto Pharisaei cum Saducaeis condemnaverunt eum, ut lapidaretur, et tollens eum multitudo lapidaverunt
eum. sed beatus ille cum traderet animam, expandit manus suas ad
caelum et orabat dicens: 'domine, ne statuas illis hoc peccatum'. audi
me, fili, et doceo te de Christo et de pietate eius; quia et Paulus
[Σαῦλος *Gretser* 420. 427 a. 432 a., Saulus *Mombritius und Unger* 305, 24],
qui ante templum sedebat et exercebat artem scenographiae, erat persequens
eos, qui in Christo credebant; qui concitavit populum adversus fratrem
tuum (*gedr.* suum) Stephanum, et pietate ductus super eum dominus
unum de sanctis suis fecit eum. propter quod ego et patres mei credi-
dimus in eum, quia vere filius dei est. et nunc, fili, noli blasphemare
eum neque eos, qui in eum credunt: et habebis vitam aeternam".

folca tô frôfre, syððan him frymða god,
niðða nergend, naman oncyrde,
ond hê syððan wæs sanctus Paulus
505 be naman hâten, ond him nænig wæs
ælærendra ôðer betera
under swegles hlêo syðþan æfre,
þâra þe wif oððe wer on woruld cendan,
þêah hê Stêphanus stânum hehto
510 âbrêotan on beorge, brôðor þînne.
nû ðû meaht gehŷran, hæleð mîn se lêofa,
hû ârfæst is ealles wealdend,
þêah wê æbylgð wið hine oft gewyrcen,
synna wunde, gif wê sôna eft
515 þâra bealudæda bôte gefremmaþ
ond þæs unrihtes eft geswîcaþ.
forðan ic, sôðlîce, ond mîn swæs fæder
syðþan gelŷfdon . . . .,
þæt geþrôwade eallra þrymma god,
520 lîfes lâttîow, lâðlic wîte
for oferþearfe ilda cynnes.
forðan ic þê lære þurh lêoðrûne,
hyse lêofesta, þæt ðû hospcwide,
æfst nê eofulsæc æfre ne fremme,
525 grimne geagncwide, wið godes bearne.
þonne ðû geearnast, þæt þê bið êce lîf,
sêlust sigelêana, seald in heofonum".
ðus mec fæder mîn on fyrndagum

---

502 siððan *Gm 503 niða 504 siððan *Gm 505 ælærendra *Gm
507 sidþan *Gm 508 cendon *Gm 511 þu *Th 512 ærfæst *Gm 513 wid
*Th (verb. *Gm) ‖ of *Gm 516 sidþan *Gm ‖ lücke vor syðþan Th, nach
gelŷfdon Gn, der erg. in lîfes fruman 530 lâtteow *Th 522 leoðorune,
S 523 w in hospcwide aus r 524 fremme : : (de r.?) 525 grimme *K
526 þu *Th ‖ gearnast *K ‖ : : ece (ea r.?) 528 mec] me *Th

(528–546) ⁷ Haec mihi contestatus est pater meus Simon. ecce omnia
audistis: quid vobis placet, si interrogaverit nos de ligno crucis?' ceteri
autem dixerunt: 'nos talia numquam audivimus, qualia a te hodie dicta

unweaxenne wordum lǽrde,
530 septe sôðcwidum (þâm wæs Sŷmon nama),
guma giddum frôd. nû gê geare cunnon,
hwæt êow þæs on sefan sêlest þince
tô gecŷðanne, gif ðêos cwên ûsic
frigneð ymb ðæt trêo, nû gê fyrhðsefan
535 ond môdgeþanc mînne cunnon'.
him þâ tôgênes þâ glêawestan
on wera þrêate wordum mǽldon:
'nǽfre wê hŷrdon hæleð ǽnigne
on þysse þêode, bûtan þec nûða,
540 þegn ôðerne, þyslic cŷðan
ymb swâ dŷgle wyrd. dô, swâ þê þynce,
fyrngidda frôd, gif ðû frugnen sîe
on wera corðre. wîsdômes beðearf,
worda wærlicra ond witan snyttro,
545 sê ðǽre æðelan sceal andwyrde âgifan
for þyslicne þrêat on meþle'.

VII.

WEOXan word cwidum: weras þeahtedon
on healfa gehwæne, sume hyder, sume þyder,
þrydedon ond þôhton. þâ cwom þegna hêap
550 tô þâm heromeðle. hrêopon friccan,

---

530 septe] sewde *Th 531 gehdum, gehðum *Th || frôd: || nach cunnon eine lücke von einem langverse? 532 þynce *Gm 534 ðâ rôde? 539 þisse *Gm 530-540 bûtan—ôðerne fehlt *Gm *K 540 þislic *Gm 541 digle *Gm 542 -g¹dda *Th || frygnen *K 546 ðyslicre *K 547 wêoxon Gm, wrixledan (wixledan?) C || wordcwidum Gm 548 gehwær || hider *Gm || þider *Gm, þider (dah. kein komma) *K 550 hreowon *Th (verb. Gm)

---

sunt. si ergo inquisitio facta fuerit de hoc, vide, ne ostendas. manifeste autem, qui haec dicis, et locum nosti'.
(547-573) Haec eis dicentibus ecce veniunt milites ad eos dicentes: 'venite, vocat vos regina.' illi autem dum venissent, iudicabantur ab ea, et nihil verum volebant dicere de hoc, unde percunctabantur.

câseres bodan: 'êow þêos cwên laþaþ,
secgas, tô salore, þæt gê seonoðdômas
rihte reccon. is êow rædes þearf
on meðelstede, môdes snyttro'.
555 hêo wæron gearwe, geômormôde
lêodgebyrgean, þâ hîo laðod wæron
þurh heard gebann, tô hofe êodon
cŷðan cræftes miht. þâ sîo cwên ongan
weras ebresce wordum nêgan,
560 fricggan fyrhðwêrigo ymb fyrngewritu,
hû on worulde ær wîtgan sungon,
gâsthâlige guman, be godes bearne,
hwær se þêoden geþrôwade,
sôð sunu meotudes, for sâwla lufan.
565 hêo wæron stearce, stâne heardran,
noldon þæt gerŷne rihte cŷðan
nê hire andsware ænige secgan,
torngenîðlan, þæs hîo him tô sôhte,
ac hîo worda gehwæs wiðersæc fremedon
570 fæste on fyrhðe, þæt hêo frignan ongan,
cwædon, þæt hîo on aldre ôwiht swylces
nê ær nê sîð æfre hŷrdon.
Elene maþelade ond him yrre oncwæð:
'ic êow tô sôðe secgan wille,
575 ond þæs in lîfe lige ne wyrðeð,
gif gê þissum lêase leng gefylgað

---

555 *punkt h.* gearwe Z^1 **558** cyððon, cŷððon *K ‖ seo *Th **559** hnægan
K **560** f *in* fricggan *unvollständig aus* w ‖ fyrhðwênige *K **561** witga,
Th **562** w *in* hwær *aus* r **567** ænigne *K **568** heo *Th **569** heo *Th
571 heo *Th ‖ âwiht *K **575** lyge *Gm **576** þysum *Th, þisum *Gm

---

(**575—600a**) Tunc beata Helena iubet illos omnes igni tradi. qui cum
timuissent, tradiderunt ei Iudam dicentes: 'hic viri iusti et prophetae
filius est et legem novit cum actibus suis: hic, domina, omnia, quae
desiderat cor tuum, ostendet tibi diligenter'. et omnibus simul testimonium
illi perhibentibus dimisit eos et tenuit Iudam solum.

mid fǽcne gefice, þê mê fore standaþ,
þæt êow in beorge bǽlfȳr nimeđ,
hattost heađowelma, ond êower hrâ bryttađ,
580 lâcende lîg, þæt êow *séo* lêas*ung sceal*
â*w*ended weorđan tô woruldgedâle.
ne magon gê đâ word gesêđan, † þê gê hwîle nû on
unriht
wrigon under womma scêatum. ne magon gê þâ wyrd
bemîđan,
bedyrnan þâ dêopan mihte'. đâ wurdon hîe dêađes
on wênan,
585 âdes ond endelîfes, ond þǽr þâ ǽnne betǽhton
giddum gearusnottorne (þâm wæs Iûdas nama
cenned for cnêomâgum) — þone hîe þǽre cwêne âgêfon,
sægdon hine sundorwîsne: 'hê þê mæg sôđ gecȳđan,
onwrêon wyrda gerȳno, swâ đû hine wordum frignest,
590 ǽriht from orde ôđ ende forđ.
hê is for eorđan ǽđeles cynnes,
wordcræftes wîs ond wîtgan sunu,
bald on međle. him gebyrde is,
þæt hê gêncwidas glêawe hæbbe,
595 cræft in brêostum. hê gecȳđeđ þê
for wera mengo wîsdômes gife
þurh þâ myclan miht, swâ þîn môd lufaþ'.
hîo on sybbe forlêt sêcan gehwylcne
âgenne eard ond þone ǽnne genam
600 Iûdas tô gîsle ond þâ georne bǽd,

---

[577] forestandaþ *Th, getrennt Gn* [578] bǽl fornimeđ, *Frucht* [580] sceal þæt
leas, þæt lêas sceal *oder* sceal þæt lêasspell? *Gn* || þæs lêas *Gm
[581] âwended *Gm*] âpundrad, âwundrad *Th* [582] þa *Th* || *lücke von zwei
kurzversen vor* þê? [583] sceálum *K* [584] beđyrnan *Gm* || hîe] him? *Th*
[585] -snotterne *Gn* || *komma h.* nama *Gm, gestrichen K* [586] þê] we *Th
(verb. Th)* [589] *urspr.* -wrî(h)an? [590] ord, *Th* [591] miclan *Gm* [598] sibbe *Gm

---

(600b–618) Et convocans eum dixit ad illum: 'vita et mors propositae
sunt tibi: elige tibi, quod vis, vitam an mortem'. Iudas dixit: 'et quis
in solitudine constitutus panibus sibi appositis lapides manducat?'

þæt hê be đǽre rôde riht getǽhte,
þê ǽr in legere wæs lange bedyrned,
ond hine seolfne sundor âcîgde.
Elene maþelode tô þâm ânhagan,
605 tîrêadig cwên: 'þê synt tû gearu,
swâ lîf, swâ dêađ, swâ þê lêofre biđ
tô gecêosanne. cŷđ ricene nû,
hwæt đû þæs tô þinge þafian wille'.
Iûdas hire ongên þingode (ne meahte hê þâ gehđu bebûgan,
610 oncyrran † rex genîđlan. hê wæs on þǽre cwêne ge-
. wealdum):
'hû mæg þǽm geweorđan, þê on wêstenne
mêđe ond metelêas môrland trydeđ,
hungre gehæfted, ond him hlâf ond stân
on gesihđe bû samod geweorđađ
615 streac ond hnesce, þæt hê þone stân nime
wiđ hungres hlêo, hlâfes ne gîme,
gewende tô wǽdle ond þâ wiste wiđsæce,
beteran wiđhyccge, þonne hê bêga beneah?'

VIII.

HIM þâ sêo êadige andwyrdo âgeaf
620 Elene for eorlum undearnunga:
'gif đû in heofonrîce habban wille
eard mid englum ond on eorđan lîf,

---

606 sint *Gm 609 gehþu *Th 610 rex, 'so in MS' Th, cêx = cêces,
cêaces faucis, maxillae oder = cêges, cǽges clavis? Gm, crex = cerx,
cearces curae, sollicitidunis? Gn, cyninges S, cyningan C 612 mêde *Gm
614 samod fehlt, lücke hinter gesihđe ('here some lines are wanting') Th,
beorne hinter gesihđe Gm, gebrôht vor on Gn, gesette weorđađ (oder
geweorđađ) tB 615 đonne *K 616 gŷme *Gm

(619-641) Beata autem Helena dixit: 'si ergo in caelo et in terra vis
vivere, dic mihi, ubi absconditum est lignum pretiosae crucis'. 8 Iudas
dixit: 'quemadmodum habetur in gestis, sunt iam anni ducenti plus
minusve; et nos cum simus iuniores, quomodo possumus haec nosse?"

sigorlêan in swegle, saga ricene mê,
hwǽr sêo rôd wunige radorcyninges
625 hâlig under hrûsan, þê gê hwîle nû
þurh morðres mân mannum dyrndun'.

Iûdas maðelade (him wæs geômor sefa,
hât æt heortan ond gehwædres wâ,
gê hê heofonrîces *hyht* swâ môde
630 ond þis andwearde ânforlête
rîce under roderum, gê hê ðâ rôde *tǽhte*):
'hû mæg ic þæt findan, þæt swâ fyrn gewearð
wintra gangum? is nû worn sceacen,
.cc. oððe mâ geteled rîme.
635 ic ne mæg âreccan, nû ic þæt rîm ne can.
is nû feale siðþan forðgewitenra
frôdra ond gôdra, þê ûs fore wǽron,
glêawra gumena. ic on geogoðe wearð
on siððagum syððan âcenned,
640 cnihtgeong hæleð. ic ne can, þæt ic nât,
findan on fyrhðe, þæt swâ fyrn gewearð'.

Elene maðelade him on andsware:
'hû is þæt geworden on þysse werþêode,
þæt gê swâ monigfeald on gemynd witon,
645 alra tâcna gehwylc, swâ Trôjâna
þurh gefeoht fremedon? þæt wæs fær mycel,

---

⁶²⁹ hê] him? Z¹ || '*a word is wanting*' Th, *vor* swâ *zuerst* hwurfe, *später*
hygde Gm, hyhte Gn, hyht? Z¹ C, hogde W || swâ môde] swâ nîode Gn,
swâmode? Z¹, samod C ⁶³¹ ne tæhte ⁶³⁴ twâ hund *Gm ⁶³⁶ feala Gn
⁶³⁷ *zwei bis drei buchstaben* (*der* 1. *war* w) *r. h.* us ⁶³⁸ geóguðe *Gm
⁶³⁹ siððan *Gm ⁶⁴⁰ (ic) nat ⁶⁴² ondsware *löste* Gm *auf* ⁶⁴³ þisse *Gm ||
werþeóðe *Gm ⁶⁴⁴ gê] we *K (*in folge eines s.* xx *u.* 182 *verb. druck-
fehlers bei* Gm) ⁶⁴⁵ gehylc *K ⁶⁴⁵ fær (fǽr Gm) mycel (micel *Gm)]
fyr micle Gm

(⁶⁴²⁻⁶⁶¹) Beata Helena dixit: 'quomodo ante tantas generationes in
Ilio et Troade [*nur* Troade *Mombritius*] factum est bellum, et omnes
nunc commemorantur, qui ibi sunt mortui, et monumenta eorum et loca
scriptura tradit?' Iudas dixit: 'vere, domina, quia conscripta sunt; nos
autem non habemus haec conscripta.'

open ealdgewin, þonne þêos æðele gewyrd,
geâra gongum. · gê þæt geare cunnon
êdre gereccan, hwæt þær eallra wæs
650 on manrîme morðorslehtes,
dareðlâcendra dêadra gefeallen
under bordhagan. gê þâ byrgenna
under stânhleoðum ond þâ stôwe swâ some
ond þâ wintergerîm on gewritu setton'.

655 Iûdas maðelade (gnornsorgo wæg):
'wê þæs hereweorces, hlæfdige mîn,
for nŷdþearfe neah myndgiaþ
ond þâ wîggþræce on gewritu setton,
þêoda gebæru, ond þis næfre
660 þurh æniges mannes mûð gehŷrdon
hæleðum cŷðan, bûtan hêr nûða'.

him sêo æðele cwên âgeaf andsware:
'wiðsæcest ðû tô swîðe sôðe ond rihte
ymb þæt lifes trêow ond nû lŷtle ær
665 sægdest sôðlîce be þâm sigebêame
lêodum þînum ond nû on lige cyrrest'.

Iûdas hire ongên þingode, cwæð, þæt hê þæt on gehðu
gespræce
ond twêon swîðost, wênde him trâge hnâgre.

him oncwæð hraðe câseres mæg:

---

[647] eald gewinn *Gm, ealdgewinn *K ‖ lücke vor þonne? [649] êdre *K
[652] bordhagan *Gm [655] ‘o in sorge entweder geflossen oder aus a gebessert’ W
[657] nean (beanstandet von Gn), neár *K [660] þurh zu 659 vor Gn ‖ æinges
*K [661] hæleðu, Gm, hæleðas? Th [663] þu *Th [666] lyge Gm ‖ fragez.
am ende Gm [668] on twêon oder twêonde? Gm ‖ swidôst *Gm (doch
richtig in d. anm.) ‖ wênde him od. wende hine? Gm ‖ tr.] þrage *K

(662—668) Beata Helena dixit: 'quid est, quod paulo ante confessus
es a te ipso, quia sunt gesta?' Iudas dixit: 'in dubio locutus sum'.

(669—684) Beata Helena dixit: 'ego quidem habeo beatam vocem
evangeliorum, in quo loco crucifixus est ipse dominus; tantum ostende
mihi, qui vocatur Calvariae locus, et ego faciam mundari locum: forsitan
inveniam desiderium meum'. Iudas dixit: 'neque locum novi, quia nec
eram tunc'.

670 'hwæt, wê ðæt hŷrdon þurh hâlige bêc
hæleðum cŷðan, þæt âhangen wæs
on Caluarie cyninges frêobearn,
godes gâstsunu. þû scealt geagninga
wîsdôm onwrêon, swâ gewritu secgaþ,
675 æfter stedewange hwǽr sêo stôw sîe
Caluarie, ǽr þec cwealm nime,
swilt, for synnum, þæt ic hîe syððan mæge
geclǽnsian Crîste tô willan,
hæleðum tô helpe, þæt mê hâlig god
680 gefylle, frêa mihtig, feores ingeþanc,
weoruda wuldorgeofa, willan mînne,
gâsta gêocend'. hire Iûdas oncwæð
stîðhycgende: 'ic þâ stôwe ne can
nê þæs wanges wiht nê þâ wîsan cann'.
685 Elene maðelode þurh eorne hyge:
'ic þæt geswerige þurh sunu meotodes,
þone âhangnan god, þæt ðû hungre scealt
for cnêomâgum cwylmed weorðan,
bûtan þû forlǽte þâ lêasunga
690 ond mê sweotollîce sôð gecŷðe'.
heht þâ swâ cwicne corðre lǽdan,
scûfan scyldigne (scealcas ne gǽldon)
in drŷgne sêað, þǽr hê duguða lêas
siomode in sorgum .uii. nihta fyrst
695 under hearmlocan hungre geþrêatod,
clommum beclungen, ond þâ cleopigan ongan

---

⁶⁷¹ aha(n)gen ⁶⁷⁴ *ursprünglich* onwri(h)an? ⁶⁷⁵ *komma vor* hwǽr
Gm ‖ sìo **Gn* ⁶⁷⁶ caluare, *Th* ‖ ewealm **K* ⁶⁷⁷ swylt **Gm* ‖ siððan **Gm*
⁶⁸⁶ meotudes **Th* ⁶³⁸ cnêowmâgum **Gm* ⁰⁹¹ swâ *fehlt* **Gn* ⁶⁹³ drŷgan
**Gm*, drigan **K* ⁶⁹⁴ .VII. **Th*, seofon **Gm*

(⁶⁸⁵⁻⁷⁰⁶) Beata Helena dixit: 'per crucifixum, fame te interficiam,
nisi dixeris veritatem', et, cum haec dixisset, iussit eum mitti in lacum
siccum usque in septem dies, sic ut custodiretur a custodibus. cum
transissent autem septem dies, .clamavit Iudas de lacu dicens: 'obsecro
vos, educite me, et ego ostendam vobis crucem Christi'.

sârum besylced on þone seofeðan dæg
mêðe ond metelêas (mægen wæs geswiðrod):
'ic êow healsie þurh heofona god,
700 þæt gê mê of ðyssum earfeðum ûp forlǽten
hêanne fram hungres genîðlan. ic þæt hâlige trêo
lustum cŷðe, nû ic hit leng ne mæg
helan for hungre. is þes hæft tô ðan strang,
þrêanŷd þæs þearl ond þes þroht tô ðæs heard
705 dôgorrîmum. ic âdrêogan ne mæg
nê leng helan be ðâm lîfes trêo,
þêah ic ǽr mid dysige þurhdrifen wǽre
ond ðæt sôð tô late scolf gecnêowe'.

VIIII.

Þ A ðæt gehŷrde, sîo þǽr hæleðum scêad,
710 beornes gebǽro, hîo bebêad hraðe,
þæt hine man of nearwe ond of nŷdcleofan,
fram þâm engan hofe, ûp forlête.
hîe ðæt ofstlîce efnedon sôna
ond hine mid ârum ûp gelæddon
715 of carcerne, swâ him sêo cwên bebêad.
stôpon þâ tô þǽre stôwe stîðhycgende
on þâ dûne ûp, ðê dryhten ǽr
âhangen wæs, heofonrîces weard,
godbearn, on galgan, ond hwæðre geare nyste
720 hungre gehŷned, hwǽr sio hâlige rôd
721.2 þurh *féondes* searu foldan getŷned

---

⁶⁰⁷ besyleed *Th, besyled Th, besylled? Gn ⁶⁹⁹ halsie *Th ⁷⁰⁰ þissum
*Gm ⁷⁰⁴ þæs] þes *Gm ⁷⁰⁹ sceód Gm, sceód Gn, scrâf tB ⁷¹³ ðat
*K ⁷¹⁵ be in bebead v. ds. hd. in d. z. nachgetr. ⁷¹⁶ stowe stið auf r.
⁷¹⁸ h. wæs ein 2. wæs r. ‖ heofanrîces *K ⁷²⁰ halig ⁷²¹·² lücke hinter
searu ('some lines are here wanting') Th, lücke von etwa zwei kurzzeilen
Gm, þurh searucræft besenced læg | on fyrndagum foldan Gn, doch
später erg. Gn nur fèonda vor searu

(⁷⁰⁰⁻⁷²⁵) ⁹ Cum ascendisset autem de lacu, perrexit usque ad locum
nesciens certius, ubi iacebat crux Christi, levavitque vocem suam ad
dominum hebraica lingua (gedruckt linga) et dixit.

lange legere fæst lêodum dyrne
wunode wælreste. word stunde âhôf
725 elnes oncŷðig ond on ebrisc spræc:
'dryhten hælend, þû ðe âhst dôma geweald
ond þû geworhtest þurh þînes wuldres miht
heofon ond eorðan ond holmþræce,
sæs sîdne fæðm, samod ealle gesceaft
730 ond þû âmǽte mundum þînum
ealne ymbhwyrft ond ûprador
ond þû sylf sitest, sigora waldend,
ofer þâm æðelestan engelcynne,
þê geond lyft faraðð lêohte bewundene,
735 mycle mægenþrymme. ne mæg þǽr manna gecynd
of eorðwegum ûp gefêran
in lîchoman mid þâ lêohtan gedryht,
wuldres âras. þû geworhtest þâ
ond tô þegnunge þînre gesettest,
740 hâlig ond heofonlic. þâra on hâde sint
in sindrêame syx genemned,
þâ ymbsealde synt mid syxum êac
fiðrum, gefrætwad, fǽgere scînaþ.
þâra sint .iiii., þê on flihte â

₇₃₂ on vor sig(o)ra r. ₇₃₅ micle *Gm || (mægenþrymme) ₇₃₇ þa *Th (verb.
Gn, þâm Gm) || punkt h. gedryht Gm, komma Gn ₇₃₈ keine interp.
h. âras Gm, strichpunkt Gn ₇₄₀ komma vor þâra Gm, doppelp. Gn
₇₄₁ six *Gm ₇₄₂ sint *Gm || sixum *Gm || komma h. êac Gm ₇₄₅ kein
komma h. fiðrum Gm || sinað *Th (zu scinað Th), dahinter komma Gm,
strichp. KGn ₇₄₄ sit, Th || fêower *Gm || flyhte *Gm

(₇₂₆₋₇₆₀ₐ) 'Deus, deus, qui fecisti (gedruckt feciste) caelum et terram,
qui palmo metisti caelum et pugno terram mensurasti; qui sedes super
currum cherubin, et ipsa sunt volantia in aeris cursibus luce immensa,
ubi humana natura transire non potest, quia tu es, qui fecisti ea ad
ministerium tuum, sex animalia, quae habent senas alas: quatuor quidem
ex ipsis, quae volant ministrantia et incessabili voce clamantia: "sanctus,
sanctus, sanctus", cherubin vocantur, duo autem ex his posuisti in
paradiso custodire lignum vitae, quae vocantur seraphin.

⁷⁴⁵ þâ þegnunge þrymme beweotigaþ
fore onsŷne êces dêman,
singallîce singaþ in wuldre
hædrum stefnum heofoncininges lof,
wôða wlitegaste, ond þâs word cweðaþ
⁷⁵⁰ clænum stefnum (þâm is ceruphîn nama):
'hâlig is se hâlga hêahengla god,
weoroda wealdend. is ðæs wuldres ful
heofun ond eorðe ond eall hêahmægen
tîre getâcnod'. syndon tû on þâm,
⁷⁵⁵ sigorcynn, on swegle, þê man sêraphîn
be naman hâteð. hîe sceolon neorxnawang
ond lîfes trêo lêgene sweorde
hâlig healdan. heardecg cwacaþ,
beofaþ, brogdenmæl ond blêom wrixleð
⁷⁶⁰ grâpum gryrefæst. þæs ðû, god dryhten,
wealdest widan fyrhð, ond þû womfulle
scyldwyrcende sceaðan of radorum
âwurpe wonhŷdige. þâ sîo wêrge sceolu
under heolstorhofu hrêosan sceolde
⁷⁶⁵ in wîta forwyrd. þær hîe in wylme nû
drêogaþ dêaðcwale in dracan fæðme
þêostrum forþylmed. hê þînum wiðsôc
aldordôme, þæs hê in ermðum sceal,
ealra fûla fûl, fâh þrôwian,
⁷⁷⁰ þêownêd þolian. þær hê þîn ne mæg

---

⁷⁴⁵ þegnungc *Gm ⁷⁴⁸ -cyninges *Th ⁷⁴⁹ wlite gaste, Gm ⁷⁵⁰ cera-
phin *Th (cer auf r.) ⁷⁵² þær *Th (æu þæs Th) ⁷⁵⁴ sindon *Gm
⁷⁵⁶ he sceal, þe sceal Gn ⁷⁵⁸ heard(ecg), Gm getrennt ⁷⁵⁹ brogden mæl
vor S ⁷⁶⁰ gryrefæst als ein wort erst K und Gn ⁷⁶¹ þû] ða *K
⁷⁶⁵ komma nach forwyrd Gm ⁷⁶⁶ dêaðcweale *Gm ⁷⁷⁰ þeow ned (w
aus r), þeor ned *Th (verb. Th) || komma h. þolian Gm

(^{760 b – 772}) Tu autem dominaris omnium, quia tua factura sumus,
qui incredibiles angelos profundo tartaro tradidisti, et ipsi sunt sub
fundo abyssi a draconum foetore cruciandi et tuo praecepto contradicere
non possunt.

word âweorpan, is in wîtum fæst,
ealre synne fruma, sûsle gebunden.
gif þîn willa sîe, wealdend engla,
þæt rîcsie, sê ðe on rôde wæs
775 ond þurh Mârian in middangeard
âcenned wearð in cildes hâd,
þêoden engla (gif hê þîn nære
sunu synna lêas, næfre hê sôðra swâ feala
in woruldrîce wundra gefremede
780 dôgorgerîmum. nô ðû of dêaðe hine
swâ þrymlîce, þêoda wealdend,
âweahte for weorodum, gif hê in wuldre þîn
þurh ðâ beorhtan bearn ne wære),
gedô nû, fæder engla, forð bêacen þîn.
785 swâ ðû gehŷrdest þone hâlgan wer,
Moyses, on meðle, þâ ðû, mihta god,
geŷwdest þâm eorle on þâ æðelan tîd
under beorhhliðe bân Iôsephes,
swâ ic þê, weroda weard, gif hit sîe willa þîn,
790 þurg þæt beorhte gesceap biddan wille,
þæt mê þæt goldhord, gâsta scyppend,
geopenie, þæt yldum wæs
lange behŷded. forlæt nû, lîfes fruma,
of ðâm wangstede wynsumne ûp

---

771 *punkt vor* is *Gm, strichp. K, komma Gn* 773 2. s *in* susle *nachtr.*
eingefügt 775 middan ḡ, middan-gearde *Th* 777 *nur komma vor* gif
Gm, klammer bis 783 Gn (*vgl. K*) 780 nê? 782 þinum *Gm* 784 forðbêacen *K*
|| *komma nach* þîn *Gm* 785 gehyrdest: 787 gehywdest, *Gm* 788 *strichp. am*
ende Gm 789 weoroda *Gm* || w., wealdend *Th,* waldend *Gn,* wên *S* 790 þurh *K*

(773—802) Et nunc, domine, si tua voluntas est regnare filium Mariae,
qui missus est a te (nisi autem fuisset ex te, non tantas virtutes fecisset;
nisi vero tuus puer esset, non suscitares eum a mortuis), fac nobis, domine,
prodigium hoc et, sicut exaudisti famulum tuum Moysen et ostendisti ei
ossa patris nostri Ioseph, ita et nunc, si est voluntas tua, ostende
nobis occultum thesaurum et fac ab eodem loco fumum odoris aromatum
et suavitatis ascendere, ut et ego credam crucifixo Christo, quia ipse
est rex Israel et nunc et in secula seculorum.'

795 under radores ryne rêc âstîgan
lyftlâcende. ic gelŷfe þê sêl
ond þŷ fæstlîcor ferhð staðelige,
hyht untwêondne, on þone âhangnan Crìst,
þæt hê sîę sôðlîce sâwla nergend,
800 êce, ælmihtig, Israhela cining,
walde wîdan ferhð wuldres on heofenum,
â bûtan ende, êcra gestealda'.

X.

ÐA of ðǽre stôwe stêam ûp ârâs,
swylce rêc, under radorum. þǽr ârǽred wearð
805 beornes brêostsefa. hê mid bǽm handum
êadig ond ǽglêaw ûpweard plegade.
Iûdas maþelode glêaw in geþance:
'nû ic þurh sôð hafu seolf gecnâwen
on heardum hige, þæt ðû hǽlend eart
810 middangeardes. sîę ðê, mægena god,
þrymsittendum þanc bûtan ende,
þæs ðû mê swâ mêðum ond swâ mânweorcum
þurh þîn wuldor inwrige wyrda gerŷno.
nû ic þê, bearn godes, biddan wille,
815 weoroda willgifa, nû ic wât, þæt ðû eart
gecŷðed ond âcenned allra cyninga þrym,
þæt ðû mâ ne sîę mînra gylta,

---

⁷⁹⁷ *punkt h.* fæstl. *Gm, getilgt von K u. Gn* ⁸⁰⁰ cyning **Gm* ⁸⁰¹ on]
in **Gn* ⁸⁰⁹ hyge **Gm* ⁸¹¹ *zw.* þrym *und* sitt. *ein* m *r.* ⁸¹³ onwrige? *Th*
⁸¹⁷ mane **Th (verb. *K u. Gn)*

(⁸⁰³⁻⁸²⁷) ¹⁰ Haec cum orasset Iudas, statim commotus est locus, et
multitudo fumi et aromatum odoris suavitatis ascendit de loco, ita ut
admiratus Iudas plauderet ambabus manibus suis et diceret: 'in veritate,
Christe, tu es salvator mundi. gratias tibi ago, domine, qui, cum sim
indignus, non me fraudasti dono gratiae tuae. deprecor te, domine Iesu
Christe, memor esto mei et dele peccata mea et adnumera me cum
fratre meo Stephano, qui scriptus est in Actibus duodecim apostolorum
tuorum'.

þâra þe ic gefremede nalles fêam sîðum,
metud, gemyndig. lǽt mec, mihta god,

820 on rîmtale rîces þînes
mid hâligra hlŷte wunigan
in þǽre beorhtan byrig, þǽr is brôðor mîn
geweorðod in wuldre, þæs hê wǽre wið þec,
Stêphanus, hêold, þêah hê stângreopum

825 worpod wǽre. hô hafað wîgges lêan,
blǽd bûtan blinne. sint in bôcum his
wundor, þâ hê worhte, on gewritum, cŷðed'.
ongan þâ wilfægen æfter þâm wuldres trêo
elnes ânhŷdig eorðan delfan

830 under turfhagan, þæt hê on .xx.
fôtmǽlum feor funde behelede,
under nêolum niðer næsse gehŷdde
in þêostorcofan — hê ðǽr .ɪɪɪ. mêtte
in þâm rêongan hofe rôda ætsomne

835 grêote begrauene, swâ hîo geârdagum
ârlêasra sceolu eorðan beþeahton,
Iûdêa cynn. hîe wið godes bearne
nîð âhôfun, swâ hîe nô sceoldon,
þǽr hîe leahtra fruman lârum ne hŷrdon.

840 þâ wæs môdgemynd myclum geblissod,
hige onhyrded þurh þæt hâlige trêo,
inbryrded brêostsefa, syððan bêacen geseh

---

818 nales *Gm* 823 þæs þe hê*Gn* 824 stæn-* W, -grêotum *Gm* 825 worpod]
w aus e. a.? 830 twentigum *Gm* 833 p. in cäsur *Gm*, doppelp. *Gn* ‖ þær*Th* ‖
þrêo *Gm* 835 begrafene *Gn* 836 reonian 837 cynn erg. *Gn* 838 âhofon *Th*
840 miclum *Gm* 841 hyge onhyrted? *Gm* 842 imbryrded *K* ‖ siððan *Gm*
842-3 beacen (aufr.und dah. r.) ḡ (seh) halig, beaceniḡ. reh/halig , *Th (verb. Z¹,

(822-849a.) Haec cum dixisset, accipiens fossorium praecinxit se
viriliter et coepit fodere. cum autem fodisset passus viginti, invenit tres
cruces absconditas, quas eiiciens attulit in civitatem [καὶ προσήγαγεν
Ἰούδας τοὺς τρεῖς σταυροὺς τῇ βασιλίσσῃ Gretser 422, καὶ προσήγαγεν
τῇ βασιλίδι Ἑλένῃ 433a]

hâlig under hrûsan. hê mid handum befêng
wuldres wynbêam ond mid weorode âhôf
845 of foldgræfe. fêdegestas
êodon, ædelingas, in on þâ ceastre.
âsetton þâ on gesyhde sigebêamas .iii.
eorlas ânhŷdige fore Elenan cnêo
collenferhde. cwên weorces gefeah
850 on ferhdsefan ond þâ frignan ongan,
on hwylcum þâra bêama bearn wealdendes,
hæleda hyhtgifa, hangen wære.
'hwæt, wê þæt hŷrdon þurh hâlige bêc
tâcnum cŷdan, þæt twêgen mid him
855 geþrôwedon, ond hê wæs þridda sylf
on rôde trêo. rodor eal geswearc
on þâ slîdan tîd. saga, gif dû cunne,
on hwylcre þyssa þrêora þêoden engla
geþrôwode, þrymmes hyrde'.
860 ne meahte hire Iûdas (nê ful gere wiste)
sweotole gecŷþan be dâm sigebêame,
on hwylcne se hælend âhafen wære,
sigebearn godes, ær hê âsettan heht
on þone middel þære mæran byrig
865 bêamas mid bearhtme ond gebîdan þær,
ôd dæt him gecŷdde cyning ælmihtig
wundor for weorodum be dâm wuldres trêo.
gesæton sigerôfe, sang âhôfon,

---

beacenig haligre *Th*, bêaceninga hâligre? *Gm*, bêacenige hâligne *K*,
bêacen îwde hâlig *Gn*) [848] *keine interp. Gm*, *punkt Gn* [846] fêde gestas
vor Gn [847] þrŷ *Gm* [848] for *K* ‖ c(n)eo [856] *v.* treo *mehrere buchst. r.*
[858] þissa *Gm* [860] geare *Gn* [861] þâm *Z*[1] [862] hwylcre, *Gn* [863] *nach*
godes *punkt Gm*, *strichpunkt K*, *komma Gn* ‖ ær] ac? [865] and *Gm*

([849b – 867]) Interrogabat autem beatissima Helena, quae esset crux
Christi: 'scimus autem, quia ceterae duae latronum sunt, qui cum eo
crucifixi sunt'. et ponentes eas in media civitate expectabant gloriam
Christi.

([868–894]) Et circa horam nonam ferebatur mortuus iuvenis in gra-

rǣdþeahtende, ymb þâ rôda þrêo
870 ôð þâ nigoðan tîd, hæfdon nêowne gefêan
mǣrðum gemêted. þâ þǣr menigo cwom,
folc unlŷtel, ond gefærenne man
brôhton on bǣre beorna þrêate
on nêaweste (wæs þâ nigoðe tîd),
875 gingne gâstlêasne. þâ ðǣr Iûdas wæs
on môdsefan miclum geblissod.
heht þâ âsettan sâwllêasne,
life belidenes lîc, on eorðan,
unlifgendes, ond ûp âhôf,
880 rihtes wêmend, þâra rôda twâ
fyrhðglêaw on fæðme ofer þæt fǣge hûs,
dêophycgende. hit wæs dêad, swâ ǣr,
lîc legere fæst: leomu côlodon
þrêanêdum beþeaht. þâ sîo þridde wæs
885 âhafen hâlig. hrâ wæs on bîde,
ôð ðæt him uppan æðelinges wæs
rôd ârǣred, rodorcyninges bêam,
sigebêacen sôð. hê sôna ârâs
gâste gegearwod, geador bû samod
890 lîc ond sâwl. þǣr wæs lof hafen
fǣger mid þŷ folce. fæder weorðodon
ond þone sôðan sunu wealdendes
wordum heredon. sîę him wuldor ond þanc
â bûtan ende eallra gesceafta.

---

869 rôde *Gn   870 punkt h. tîd Gn ‖   871 komma h. gemêted Gn
875 þær *Th   876 hiernack lücke?   878 etwa 4 buchst. r. nach belidenes
879 nach un in unlifg. ein buchst. (wohl g) r.   880 wêmend] reniend
*Th, wênend Kr   888 côledon *K   885 on anbide, Frucht   889 gegearwad
*Th   890 sâwel *Th

.bato. Iudas autem gaudio repletus dixit: 'nunc cognosces, domina, di-
lectissimum lignum et virtutem eius.' et tenens grabatum Iudas fecit
deponi mortuum et posuit super eum singulas cruces, et non surrexit:
imposita autem tertia cruce dominica super mortuum statim surrexit,
qui mortuus fuerat, iuvenis, et omnes, qui aderant, glorificabant dominum.

XI.

895 ÐA wæs þâm folce on ferhðsefan
ingemynde, swâ him â scyle,
wundor, þâ þe worhte weoroda dryhten
tô feorhnere firˤa cynne,
lîfes lâttîow. þâ þǽr ligesynnig
900 on lyft âstâh lâcende fêond.
ongan þâ hlêoðrian helledêofol,
eatol æclǽca, yfela gemyndig:
'hwæt is þis, lâ, manna, þê mînne eft
þurh fyrngeflit folgaþ wyrdeð,
905 îceð ealdne nîð, æhta strûdeð?
þis is singal sacu. sâwla ne môton
mânfremmende in mînum leng
æhtum wunigan, nû cwom elþêodig,
þone ic ǽr on firenum fæstne talde,
910 hafað mec berêafod rihta gehwylces,
feohgestrêona. nis ðæt fǽger sîð.
feala mê se hǽlend hearma gefremede,
nîða nearolicra, sê ðe in Nazareð
âfêded wæs. syððan furþum wêox

---

xi *Th,f.hs ⁸⁹⁷ þê þâ Gn ⁸⁹⁹ latteow *Th||lyge synnig *Gm ⁹⁰¹ ongean
*Th (verb. Gm) ⁹⁰² atol *Gn || æglǽca Gn ⁹⁰³ ausrufungsz. nach manna
Gm, nichts K, komma Gn ⁹⁰⁵ ŷceð Gm || am ende punkt Gm, fragez.
Gn ⁹⁰⁸ punkt nach wunigan Gm, komma Gn ⁵⁰⁹ fæstne talde auf r. ||
⁰¹⁴ vor afeded ein langer strich (wie der erste strich eines w) r. || komma
nach wæs K u. Gn || siððan *Gm

(⁸⁹⁹b – ⁰³⁴) ¹¹ Sed omnium bonorum semper invidus diabolus cum
furore vociferabatur in aere dicens: 'quis iterum hic est, qui non per-
mittit me suscipere animas meorum? o Iesu Nazarene, omnes traxisti ad
te; ecce et lignum tuum manifestasti adversum me. o Iuda, quid hoc fecisti? nonne prius ego per Iudam traditionem perfeci et populum con-
citavi impie agere? ecce nunc per Iudam ego hinc eiicior. inveniam et
ego, quid faciam adversum te: suscitabo alium regem, qui derelinquet
crucifixum et mea exequetur consilia [et meis obsequetur consiliis
Mombritius] et immittet in te iniqua tormenta; et tunc cruciatus negabis
crucifixum'.

915 of cildhâde, symle cirde tô him
&hte mîne. ne môt ænige nû
rihte spôwan. is his rîce brâd
ofer middangeard, mîn is geswiđrod
ræd under roderum. ic þâ rôde ne þearf
920 hleahtre herigean. hwæt, se hælend mê
in þâm engan hâm eft getŷnde
geômrum tô sorge. ic þurh lûdas ær
hyhtful geweard ond nû gehŷned êom,
gôda geâsne, þurh Iûdas eft,
925 fâh ond frêondlêas. gên ic findan can
þurh wrôhtstafas widercyr siđđan
of đâm wearhtreafum. ic âwecce wid đê
ôđerne cyning, sê êhted þîn,
ond hê forlæted lâre þîne
930 ond mânþêawum mînum folgaþ
ond þec þonne sended in þâ sweartestan
ond þâ wyrrestan wîtebrôgan,
þæt đû sârum forsôht widsæcest fæste
þone âhangnan cyning, þâm đû hŷrdest ær'.
935 him đâ glêawhŷdig Iûdas oncwæd,
hæled hildedêor (him wæs hâlig gâst
befolen fæste, fŷrhât lufu,
weallende gewitt þurh wigan snyttro),
ond þæt word gecwæd wîsdômes ful:

---

⁹¹⁵ doppelp. h. cildhâde Gn ‖ cyrde *Gm ⁹¹⁶ komma h. mîne Gm ‖ ne]
e aus e. a. ⁰¹⁷ spôwan] w aus e. a. ⁹²¹ oft, Gn ⁹²⁴ gæsen Gm, gæsne Kluge
⁹²⁶ gên] 'e in n, das dicht daran steht, geflossen' W ‖ ne can, Gn ⁹²⁶ widđan,
Gn, der aber später wid þan las (schon vorher *K wid đan) ‖ am ende
punkt K ⁹²⁷ awecce aus æwecce durch punkt oben und unten ⁹²⁸ ehted * W
⁹³⁰ mânþeawu *Th (verb. Gm), manþêawum Gn ⁰³⁶ halig vielleicht aus hælig
⁹³⁸ gewitt] gewilt *Th (verb. Gn, gewilc oder gewill? Gm) ‖ wigan]
witan und später witgan Gn

(⁹³⁵⁻⁹⁶⁷) Iudas autem fremens in spiritu sancto dixit: 'qui mortuos
suscitavit, Christus ipse te damnet in abyssum ignis aeterni'. haec
audiens beata Helena admirabatur fidem Iudae.

940 'ne þearft ðû swâ swîðe, synna gemyndig,
sâr nîwigan ond sæce ræran,
morðres mânfrêa, þæt þê se mihtiga cyning
in nêolnesse nyðer bescûfeð,
synwyrcende, in sûsla grund
945 dômes lêasne, sê ðe dêadra feala
worde âwehte. wite ðû þê gearwor,
þæt ðû unsnyttrum ânforlête
lêohta beorhtost ond lufan dryhtnes,
þone fægran gefêan, ond on fŷrbæðe
950 sûslum beþrungen syððan wunodest,
âde onæled, ond þær âwa scealt,
wiðerhycgende, wergðu drêogan,
yrmðu, bûtan ende'. Elene gehŷrde,
hû se fêond ond se frêond geflitu rærdon,
955 tîrêadig ond trâg, on twâ halfa,
synnig ond gesælig. sefa wæs þê glædra,
þæs þe hêo gehŷrde þone hellesceaþan
oferswîðedne, synna bryttan,
ond þâ wundrade ymb þæs weres snyttro,
960 hû hê swâ gelêafful on swâ lŷtlum fæce
ond swâ uncŷðig æfre wurde
glêawnesse þurhgoten. gode þancode,
wuldorcyninge, þæs hire se willa gelamp
þurh bearn godes bêga gehwæðres,
965 gê æt þære gesyhðe þæs sigebêames
gê ðæs gelêafan, þê hio swâ lêohte oncnêow
wuldorfæste gife in þæs weres brêostum.

---

⁹⁴¹ niwian *Gn* ⁹⁴² þê *fehlt* ⁹⁴³ niðer *Gm* ⁹⁵⁰ siððan *Gm*
⁹⁵² wiðer-hicgende *Th*, wiðerhycgende *Gm* ‖ *der zweite strich des* u
in dem am ende der zeile stehenden wergðu *abgeschabt* ⁹⁵³ : : ende
⁹⁵⁵ ha(l)fa ⁹⁵⁸ oferswiðende, *Gn* ⁹⁵⁹ ym(b) ‖ weres] *das* 1. e *aus* e. *a.*
⁹⁶¹ oncŷðig? *Gn* ⁹⁶² -nysse *K* ⁹⁶⁷ gife *f.* *Th* (*weshalb* lêohtne *u.*
wuldorfæstne *Z¹*)

XII.

Ða wæs gefrêge in þære folcsceare,
geond þâ werþêode wîde lǽded,
970 mǽre morgenspel manigum on andan,
þâra þe dryhtnes ǽ dyrnan woldon,
boden æfter burgum, swâ brimo fædmað,
in ceastra gehwǽm, þæt Crîstes rôd
fyrn foldan begræfen funden wǽre,
975 sêlest sigebêacna, þâra þe sîð oððe ǽr
hâlig under heofenum âhafen wurde,
ond wæs Iûdêum gnornsorga mǽst,
werum wansǽligum, wyrda lâðost,
þæt hîe hit for worulde wendan ne meahton,
980 cristenra gefêan. ðâ sîo cwên bebêad
ofer eorlmægen âras fŷsan
ricene tô râde, sceoldon Rômwarena
ofer hêanne holm blâford sêcean
ond þâm wîggende wilspella mǽst
985 seolfum gesecgan, þê ðæt sigorbêacen
þurh meotodes êst mêted wǽre,
funden in foldan, þæt ǽr feala mǽla
behŷded wæs hâlgum tô têonan,
cristenum folce. þâ ðâm cininge wearð
990 þurh þâ mǽran word môd geblissod,
ferhð gefêonde. næs þâ fricgendra
under goldhoman gâd in burgum
feorran gefêrede. wæs him frôfra mǽst

XII *fehlt,* *Th* ⁹⁷² bodan, *Gm neben* bodod || fædmeð, *Gn.,* fædmiað?
Gm ⁹⁷³ ceastre *Gn* ‖ gehwære, *S* ‖ rôd *erg. Th.* ⁹⁷⁵ -be(a)cna ⁹⁷⁶·⁷ *punkt*
h. wurde *und komma h.* lûdêum *K* ⁹⁷⁹ þær, *Gn* ‖ ne *erg. K und Gn*
⁹⁸³ heahne *Gn* ⁹⁸⁵ þê] þæt *S* ⁹⁸⁸ *komma h.* têonan *K* ⁹⁸⁹ cyninge *Gm*
⁹⁹² gefêrede *Gm,* geferede *Gn,* geferedra? *S*

(⁹⁶⁸⁻¹⁰⁵⁵ᵃ) Cum magno autem studio collocans pretiosam crucem
auro et lapidibus pretiosis faciens loculum argenteum in ipso collocavit
crucem Christi et ecclesiam construxit in ipso Calvariae loco.

geworden in worlde æt đâm willspelle,
995 hlih*h*ende hyge, þê him hereráswan
ofer êastwegas, âras, brôhton,
hû gesundne sîđ ofer s*w*onrâde
secgas mid sigecwên âsete*d* hæfdon
on Crêca land. hîe se câsere heht
1000 ofstum myclum eft gearwian
sylfe tô sîđe. secgas ne gáldon,
syđđan andsware êdre gehŷrdon,
æđelinges word. heht hê Elenan hál
âbêodan beadurôfre, gif hîe brim † nesen
1005 ond gesundne sîđ settan môsten,
hæleđ hwætmôde, tô þáre hâlgan byrig.
heht hire þâ âras êac gebêodan
Constantînus, þæt hîo cirican þár
on þâm beorhhliđe bêgra rádum
1010 getimbrede, tempel dryhtnes,
on Caluarie Crîste tô willan,
hæleđum tô helpe, þár sîo hâlige rôd
gemêted wæs, márost bêama,
þâra þe gefrugnen foldbûende
1015 on eorđwege. hîo geefnde swâ,
siđđan winemâgas westan brôhton
ofer lagufæsten lêofspell manig.
đâ sêo cwên bebêad cræftum getŷde
sundor âsêcean, þâ sêlestan,
1020 þâ þe wrætlîcost wyrcan cûđon
stângefôgum, on þâm stedewange
girwan godes tempel. swâ hire gâsta weard

---

⁹⁹⁴ worulde *Th* ⁹⁹⁶ hlibende ⁹⁹⁷ sponrade, *Th* ⁹⁹⁸ aseten, *Dietrich*
⁹⁹⁹ hie *f.* *K* ¹⁰⁰⁰ miclum *Gm* ‖ gegearwian *tB* ¹⁰⁰² siđđan *Gm* ¶ *Gm*
nimmt an, dass hinter andsware *oder vor* siđđan *ein halbvers fehle, in-*
dem er im anschluss an Th die beiden nächsten verse mit word *und*
âbêodan *enden lässt. oben, wie Gn* ¹⁰⁰⁴ brimnesen *od.* -nêsen *od.* -ne-
san *od.* -nêsan? *Gm,* brim nesan *Z¹,* brim nêsen *C* ¹⁰¹⁶ geefnede *Gn*
¹⁰²⁰ cuđo(n) ¹⁰²² *f. komma h.* tempel *und punkt h.* roderum *Gm*

reord of roderum, hêo þâ rôde heht
golde beweorcean ond gimcynnum,
1025 mid þâm æðelestum eorcnanstânum,
besetton searocræftum ond þâ in seolfren fæt
locum belûcan. þær þæt lîfes trêo,
sêlest sigebêama, siððan wunode
æðelum *unbræce.* þær bið â gearu
1030 wraðu wannhâlum wîta gehwylces,
sæce ond sorge. hîe sôna þær
þurh þâ hâlgan gesceaft helpe findaþ,
godcunde gife. swylce Iûdas onfêng
æfter fyrstmearce fulwihtes bæð
1035 ond geclænsod weard Crîste getrŷwe,
lîfwearde lêof. his gelêafa weard
fæst on ferhðe, siððan frôfre gâst
wîc gewunode in þæs weres brêostum,
bylde tô bôte. hê þæt betere gecêas,
1040 wuldres wynne, ond þâm wyrsan wiðsôc,
dêofulgildum, ond gedwolan fylde,
unrihte æ. him weard êce rex,
meotud, milde, god mihta wealdend.

XIII.

Þ̣A wæs gefulwad, sê ðe ær feala tîda
1045 lêoht gearu . . . . ,
inbryrded brêostsefa on þæt betere lîf,

---

¹⁰²³ reord] weord *Th* (verb. *Gm*) ‖ hêo] and *K ¹⁰²⁶ besettan *Gm*
¹⁰²⁷ *komma h.* belûcan *Gm* ¹⁰²⁹ ædelu ‖ anbręce, anbroce *Th,* ânbroce
ım *text und* anbrôce *in d. anm. Gm,* anbroce *K,* onbrece (= unbrece) *Kr*
¹⁰³⁰ wanhâlum *Gn* ¹⁰³³ *komma nach* gife *Gm, ausrufungsz. Gn* ¹⁰³⁴ firstmearce
Gm ¹⁰³³ weres] *ein teil des langen striches des* r *durch ein loch weg,*
wenes *Th* (verb. *Th*) ¹⁰⁴⁴ gefulwæd *K ¹⁰⁴⁶* lange forhogode *Gn; Th*
nimmt an, dass auch der erste kurzvers unvollständig ist. es fehlt wohl
mehr, als nur der schluss des langverses

(¹⁰³³ᵇ ≂ ¹⁰⁶⁸ᵃ) Iudas autem accipiens incorruptionis baptismum in
Christo Iesu de praecedentibus signis ostensus est fidelis, et commen-

gewended tô wuldre. hûru, wyrd gescreâf,
þæt hê swâ geleâffull ond swâ lêof gode
in worldrîce weorðan sceolde,
1050 Crîste gecwême. þæt gecŷðed wearð,
siððan Elene heht Eusêbium
on rædgeþeaht, Rôme bisceop,
gefetian on fultum forðsnotterne
hæleða gerædum tô þære hâlgan byrig,
1055 þæt hê gesette on sâcerdhâd
in Ierusalêm Iûdas þâm folce
tô bisceope burgum on innan
þurh gâstes gife tô godes temple
cræftum gecorenne, ond hine Cyriacus
1060 þurh snyttro geþeaht syððan nemde
nîwan stefne. nama wæs gecyrred
beornes in burgum on þæt betere forð
æ hælendes. þâ gên Elenan wæs
môd gemynde ymb þâ mæran wyrd
1065 geneahhe for þâm næglum, þê ðæs nergendes

.1047 *komma h.* wuldre *Gm, punkt K* ‖ gescrâf *Gm* 1050 *komma h.* gecwême *Gm, punkt K, strichp. Gn* ‖ *punkt h.* weard *Gm, nichts K, ausrufungsz. Gn: vielleicht ist hier eine lücke anzunehmen* 1053 -snoterne
1058 *komma h.* temple *Gn* 1059 gecorene, *Gm* 1060 siððan *Gm 1062 *gedanken-
strich h.* forð *K, komma W (vergl. Gn übers.)* 1068 wæs] ðæs *K

davit eum episcopo, qui illo tempore erat adhuc Ierosolymis, et baptizavit eum in Christo. cum moraretur beata Helena in Ierosolyma, factum
est beatum episcopum dormitionem accipere in Christo, beata autem
Helena accersivit episcopum Eusebium urbis Romae, et ordinavit Iudam
episcopum in Ierosolyma ecclesiae Christi; mutavit autem nomen eius,
et vocatus est Cyriacus.

(1065b—1093) 13 Beata autem Helena repleta dei fide et intelligens scripturas per vetus et novum testamentum instructa et repleta spiritu
sancto iterum coepit studiose requirere, qui in cruce confixi fuerant clavi,
in quibus impii Iudaei salvatorem crucifixerunt. et convocans Iudam,
qui cognominatus est Cyriacus, dixit ei: 'quod circa lignum crucis erat,
repletum est desiderium meum, sed de fixoriis, qui infixi sunt, imminet
tristitia. sed non requiescam et de hoc, donec dominus compleat desiderium meum. sed accede adhuc et de hoc precare dominum'.

fêt þurhwôdon ond his folme swâ some,
mid þâm on rôde wæs rodera wealdend
gefæstnod, frêa mihtig. be ðâm frignan ongan
cristenra cwên, Cyriacus bæd,
1070 þæt hire þâ gîna gâstes mihtum
ymb wundorwyrd willan gefylde,
onwrige wuldorgifum, ond þæt word âcwæð
tô þâm bisceope, bald reordode:
'þû mê, eorla hlêo, þone æðelan bêam
1075 rodera cininges ryhte getæhtesð,
on þâm âhangen wæs hæðenum folmum
gâsta gêocend, godes âgen bearn,
nerigend firˈa. mec þêra nægla gên
on fyrhðsefan fyrwet myngaþ.
1080 wolde ic, þæt ðû funde, þâ ðe in foldan gên
dêope bedolfen dierne sindon,
heolstre behŷded. â mîn hige sorgað,
rêonig rêoteð ond geresteð nô,
ærþan mê gefylle fæder ælmihtig,
1085 wereda wealdend, willan mînne,
niððа nergend, þurh þâra nægla cyme,
hâlig of hiehða. nû ðû hrædlîce
eallum êaðmêdum, âr sêlesta,
þîne bêne onsend in ðâ beorhtan gesceaft
1090 on wuldres weard, bide wigena þrym,
þæt þê gecŷðe cyning ælmihtig
hord under hrûsan, þæt gehŷded gên,
duguðum dyrne, dêogol, bîdeð'.
þâ se hâlga ongan hyge staðolian

1066 fêt *unzweifelhaft nach* N, fêc *Th (verb. Th)* 1070 gena *Th
1075 rode (*dahinter komma Gm*) rodera, S ‖ cining, cyning *Gm, cyninges? Gn (vgl. die übers. bei K) ‖ rîhte *Gm ‖ getæhtest Th 1076 þa,
ðâm *K 1082 hyge *Gm 1084 gcfylle *Gm 1088 niða 1087 hiehðum? Th, hiehðo
Gm 1088 êadmêdum *K 1090 w., wealdend Th, wenne (= wynne)? Gn,
wên S ‖ keine interp. v. bide Gm, komma K 1091 þê] he *Gm*

(1094–1123a) Sanctus vero episcopus Cyriacus veniens ad Calvariae

1095 brêostum onbryrded bisceop þæs folces,
glædmôd êode gumena þrêate
god hergendra, ond þâ geornlîce
Cyriacus on Caluariẹ
hlêor onhylde, hygerûne ne mâđ,
1100 gâstes mihtum tô gode cleopode
eallum êađmêdum, bæd him engla weard
geopenigean uncûđe wyrd
nîwan on nearwe, hwǣr hê þâra nægla swîđost
on þâm wangstede wênan þorfte.
1105 leort đâ tâcen forđ, þǣr hie tô sǣgon,
fæder, frôfre gâst, đurh fŷres blêo
ûp êđigean, þǣr þâ æđelestan
hæleđa gerǣdum hŷdde wǣron
þurh nearusearwe næglas on eorđan.
1110 đâ cwom semninga sunnan beorhtra
lâcende lîg. lêode gesâwon
hira willgifan wundor cŷđan,
đâ đǣr of heolstre, swylce heofonsteorran
ođđe goldgimmas, grunde getenge
1115 næglas of nearwe neođan scînende

[1096] caluariẹ, caluarie *Th [1101] êađmêđum *K [1104] on] or *Th (verb. Gm) [1106] zwei oder drei buchst., von denen der erste 1, r. vor leort [1107] êđ.] sîđigean S, êwigean C [1103] nearu searwe Th, als ein wort Gm [1114] god gimmas, gôdgimmas K

---

locum una cum multis fratribus, qui in domino Iesu Christo crediderunt per inventionem sanctae crucis et, quod in mortuo factum est, signum, elevans in caelum oculos suos et manibus simul percutiens pectus exclamavit ex toto corde ad dominum confitens priorem ignorantiam et beatificans omnes, qui crediderunt in Christo et qui credituri sunt adhuc. diu autem eo orante, ut manifestaretur illi signum aliquod, quemadmodum in cruce, ita et in fixoriis, in fine orationis, cum diceret: 'amen', factum est tale signum, quod omnes, qui aderamus, vidimus. magna autem coruscatio de loco illuxit, ubi inventa est sancta crux, clarior solis lumine, et statim apparuerunt clavi illi, qui in dominico confixi fuerant corpore, tamquam aurum fulgens, in terra, ita ut omnes sine dubio dicerent credentes: 'nunc cognoscimus, in quem credimus'.

lêohte lîxton. lêode gefǣgon,
weorud willhrêðig, sǣgdon wuldor gode
ealle ânmôde, þêah hîe ǽr wǽron
þurh dêofles spild in gedwolan lange,
1120 âcyrred fram Crîste. hîe cwǣdon þus:
'nû wê seolfe gesêoð sigores tâcen,
sôðwundor godes, þæt wê wiðsôcun ǽr
mid lêasingum. nû is in lêoht cymen,
onwrigen, wyrda bigang. wuldor þæs âge
1125 on hêannesse heofonrîces god'.
ðâ wæs geblissod, sê ðe tô bôte gehwearf
þurh bearn godes, bisceop þâra lêoda,
nîwan stefne. hê þâm næglum onfêng
egesan geâclod ond þǣre ârwyrðan
1130 cwêne brôhte. hæfde Ciriacus
eall gefylled, swâ him sêo æðele bebêad,
wîfes willan. þâ wæs wôpes hring,
hât hêafodwylm ofer hlêor goten,
nalles for torne: têaras fêollon
1135 ofer wîra gespon. wuldre wæs gefylled
cwêne willa. hêo hîe on cnêow sette
lêohte gelêafan, lâc weorðode
blissum hrêmig, þê hire brungen wæs

1116 gefrǣgon *K   1119 kein komma Gn   1121 seolfe] fe auf r.   1122 sôð wundor vor Charitius ‖ þeah   1123 in fehlt *Gn   1125 heahnesse Gn   1126 þan næglan, Th (bei Gm versehen)   1134 komma h. torne Gm, nichts K (der strichp. h. goten hat), doppelp. Gn   1135 kommah. gespon Gm, punkt K‖wuldres gefylled (auf gefylled ein brauner fleck)   1136 h. willa nichts Gm u. Gn, punkt K‖ hie fehlt ‖ komma (kolon Gn) h. sette später Gm u. Gn   1137 lêohtne Th ‖ doppelpunkt h. gelêafan anfangs Gn, später nichts ‖ weorðade *Th

---

(1126b–1160) Quos accipiens cum magno timore obtulit beatae Helenae. quae figens genua et caput inclinans adoravit eos. 14 repleta autem sapientia et scientia multa valde cogitabat, quid de his faceret. quae cum in semet ipsa posuisset omnem exquirere viam veritatis, spiritus sancti gratia misit in sensum eius tale quiddam facere ad commemorationem generationum, quae venturae erant, quod prophetae pronunciaverunt ante multas generationes.

gnyrna tô gêoce. gode þancode,
1140 sigora dryhtne, þæs þe hîo sôð gecnêow
andweardlîce, þæt wæs oft bodod
feor ǽr beforan fram fruman worulde
folcum tô frôfre. hêo gefylled wæs
wîsdômes gife, ond þâ wîc behêold
1145 hâlig heofonlic gâst, hreðer weardode,
æðelne innoð. swâ hîe ælmihtig
sigebearn godes sioððan freoðode.

XIIII.

Ongan þâ geornlîce gâstgerŷnum
on sefan sêcean sôðfæstnesse
1150 weg tô wuldre. hûru, weroda god
gefullǽste, fæder on roderum,
cining ælmihtig, þæt sêo cwên begeat
willan in worulde. wæs se wîtedôm
þurh fyrnwitan beforan sungen
1155 eall æfter orde, swâ hit eft gelamp
ðinga gehwylces. þêodcwên ongan
þurh gâstes gife georne sêcan
nearwe geneahhe, tô hwan hîo þâ næglas sêlost
ond dêorlîcost gedôn meahte
1160 dugoðum tô hrôðer, hwæt þæs wǽre dryhtnes willa.
heht ðâ gefetigean forðsnotterne

1130 *die ersten vier. zeilen von fol.* 132r, *das mit to anfängt, fleckig*
1144 *punkt h.* behêold *K* 1146 *komma h.* innoð *Gm, punkt K* 1149 *komma
am ende W* 1150 weorda (w *aus* r), weoruda *Th,* weoroda *W* ‖ *rasur vor*
god 1152 cyning **Gm* 1158 sêlost *zu* 1159 *vor Gn* 1160 hrôðre *Gm*

(1161—1196) Convocans autem virum fidelem et disciplinatum, cui
testimonium perhibebant multi, dixit ei: 'regis mandata custodi et regale
sacramentum exerce. accipe hos 'clavos et fac eos salivares in freno
equi, qui regis erit: erunt autem arma inexpugnabilia contra omnes adver-
sarios, victoria vero erit regis et pax belli, ut id, quod dictum est per
prophetam, impleatur: "et erit in illo die, quod est in freno equi, sanctum
domini vocabitur"'.

riceno tô rûne, þono þe rǽdgeþeaht
þurh glêawe miht georne cûđe,
frôdne on ferhđe, ond hine frignan ongan,
1165 hwæt him þæs on sefan sêlost þûhte
tô gclǽstenne, ond his lâre gecêas
þurh þêodscipe. hê hire þrîste oncwæđ:
'þæt is gedafenlic, þæt đû dryhtnes word
on hyge healde, hâlige rûne,
1170 cwên sêleste, ond þæs cininges bebod
georne begange, nû þê god sealde
sâwle sigespêd ond snyttro cræft,
nerigend fir'a. þû đàs næglas hât
þâm æđelestan eorđcyninga
1175 burgâgendra on his brîdels dôn
meare tô mîdlum. þæt manigum sceall
geond middangeard mǽre weorđan,
þonne æt sæcce mid þŷ oferswîđan mæge
fêonda gehwylcne, þonne fyrdhwate
1180 on twâ healfe tohtan sêcaþ,
sweordgenîđlan, þǽr hîe ymb sigor winnađ,
wrâđ wiđ wrâđum. hê âh æt wîgge spêd,
sigor æt sæcce ond sybbe gehwǽr,
æt gefeohte friđ, sê đe foran lǽdeđ
1185 brîdels on blancan, þonne beadurôfe
æt gârþræce guman gecoste
berađ bord ond ord. þis biđ beorna gehwâm
wiđ ǽglǽce unoferswîđed
wǽpen æt wîgge. be đàm se wîtga sang
1190 snottor searuþancum. sefa dêop gewôd,

[1162] þe] we *Th (verb. Th) [1163] mihte *Gn [1167] þriste ergänzt Gn,
der die lücke zuerst bemerkt hat [1170] selest, S ‖ cyninges *Gm [1171] punkt
vor nû K [1176] sceal *Gm [1181] sigor (oder sige) fehlt; die lücke erkannte
Gn, der ymbsacan, später ymb sacan, zuletzt im handexemplar ymb sige
(segen?) schrieb ‖ willađ, wîgađ? zuletzt Gn [1183] hê âh] hêah *K mit
komma davor [1183] sibbe *Gm [1184] fonan, Th [1187] þis] þus? Th [1188] æglece
*K [1189] komma vor be Gm, punkt K [1190] p h. deop r. ‖ kein komma am
ende Gn

wîsdômes gewitt. hê þæt word gecwæð:
"cûþ þæt gewyrðeð, þæt þæs cyninges sceal
mearh under môdẹgum mîdlum geweorðod,
brîdelshringum. bið þæt bêacen gode
1195 hâlig nemned ond sê hwætêadig,
wîgge weorðod, sê þæt wicg byreð."
þâ þæt ofstlîce eall gelæste
Elene for eorlum, æðelinges heht,
beorna bêaggifan, bridels frætwon,
1200 hire selfre suna sende tô làce
ofer geofenes strêam gife unscynde.
heht þâ tôsomne, þâ hêo sêleste
mid Iûdêum gumena wiste,
hæleða cynnes, tô þ ̂ re hâlgan byrig,
1205 cuman in þâ ceastre. þâ sêo cwên ongan
læran lêofra hêap, þæt hîe lufan dryhtnes
ond sybbe swâ same sylfra betwêonum,
frêondræddenne, fæste gelæston
leahtorlêase in hira lîfes tîd
1210 ond þæs lâttêowes lârum hŷrdon,
cristenum þêawum, þê him Cyriacus
bude bôca glêaw. wæs se bissceophâd
fægẹre befæsted. oft him feorran tô
laman, limsêoce, lêfe cwômon,

[1194] auf ð þæt bea *ein fleck* ‖ gôde K [1196] wîggeweorðod K, wigge geweorðod C‖ sê ðe K‖ byrð [1200] *punkt h.* suna K [1204] *komma h.* byrig K [1205] *komma h.* cuman Z¹ (*keins h.* byrig) [1207] sibbe *Gm [1208] -rædene *Th [1211] Ciriacus *Gm [1212] bisceophâd *Gm [1214] limsêoce] *der erste strich des* m *durch wurmstich zum teil weg,* lion seoce *Th (liom- od. lim-sêoce? Th), kein komma h.* laman *später Gn*

([1197-1218a]) Beata autem Helena, qui in Iesu Christi (*gedruckt* Christo) fide sunt, confirmans in Hierosolymis et omnia perficiens persecutionem Iudaeis immisit, quia increduli facti sunt, et minavit eos a Iudaea. tanta autem gratia secuta est sanctum Cyriacum episcopum, ut daemones per orationes eius effugaret et omnes hominum sanaret infirmitates.

4*

1215 healte, heorudrêorige, hrêofe ond blinde,
hêane, hygegeômre, symle hǣlo þǣr
æt þâm bisceope, bôte, fundon
êce tô aldre. þâ gên him Elene forgeaf
sincweorðunga, þâ hîo wæs sîðes fûs
1220 eft tô êðle, ond þâ eallum bebêad
on þâm gumrîce god hergendum,
werum ond wîfum, þæt hîe weorðeden
môde ond mægene þone mǣran dæg,
heortan gehigdum, in ðâm sîo hâlige rôd
1225 gemêted wæs, mǣrost bêama,
þâra þe of eorðan ûp âwêoxe
geloden under lêafum. wæs þâ lencten âgân
bûtan .VI. nihtum ǣr sumeres cyme
on maias kalendas. sîę þâra manna gehwâm
1230 behliden helle duru, heofones ontŷned,
êce geopenad engla rîce,
drêam unhwîlen, ond hira dǣl scired
mid Mârian, þê on gemynd nime
þǣre dêorestan dægweorðunga
1235 rôde under roderum, þâ se rîcesða
ealles oferwealdend earme beþeahte. — finit.

1215 *kein komma* h. healte K 1216 *kein komma* h. hêane K . 1218 ealdre
Gn 1224 gehygdum *Gm* ‖ ðâm] ðâ *K* ‖ sêo *Gn* 1225 six *Gm* 1229 kł, *Gm*
1235 rices ða, rîces þâ *Gm*, rîcesta *K Gn*

(1218b—1229a) Beata autem Helena dona multa derelinquens [dereli-
quit et *Mombritius*] sancto episcopo [*fehlt M.*] Cyriaco ad ministerium
pauperum dormivit in pace septimo decimo kalendas maii [in ministerium
donavit in pace *Mombritius*] [and hêo þâ sêo êadige cwên Elena eft
ongeân fôr tô Rômebyrig and ealle þâs þinc þâm mǣran kâsere Constantine gecŷdde *Morris* 17] demandans omnibus, qui Christum diligunt,
viris ac mulieribus celebrare commemorationem diei, in qua inventa est
sancta crux, quinto nonarum maiarum.

(1229b—1236) Quicumque vero memoriam faciunt sanctae crucis, acci-
piant partem cum dei genitrice sancta Maria et cum domino nostro Iesu
Christo, qui cum patre et spiritu sancto vivit et regnat per infinita secula
seculorum.

XV.

Þ VS ic frôd ond fûs þurh þæt fǽcne hûs
wordcræftum wæf ond wundrum læs,
þrâgum þreodude ond geþanc reodode
1240 nihtes nearwe. nysse ic gearwe
be ðǽre rôde riht, ǽr mê rûmran geþeaht
þurh ðâ mǽran miht on môdes þeaht,
wîsdôm, onwrâh. ic wæs weorcum fâh,
synnum âsǽled, sorgum gewǽled,
1245 bitrum gebunden, bisgum beþrungen,
ǽr mê lâre onlâg þurh lêohtne hâd
gamelum tô gêoce, gife unscynde
mægencyning âmæt ond on gemynd begêat,
torht ontŷnde, tîdum gerŷmde,
1250 bâncofan onband, brêostlocan onwand,
leoðucræft onlêac, þæs ic lustum brêac,
willum, in worlde. ic þæs wuldres trêowes
oft, nales ǽne, hæfde ingemynd,
ǽr ic þæt wundor onwrigen hæfde
1255 ymb þone beorhtan bêam, swâ ic on bôcum fand
wyrda gangum, on gewritum, cŷðan
be ðâm sigebêacne. â wæs secg ôð ðæt

---

¹²³⁸ wordcræft, *S* ¹²³⁹ þreodode *E* ‖ reordode *Gm*, hreodode *L* ‖
am ende strichpunkt Gm, *nichts E*, *komma R* ¹²⁴⁰ *nach* nearwe *nichts
Gm*, *strichpunkt E* (*starkè interp. auch R*) ‖ nisse *K* ¹²⁴¹ be þǽre rihtǽ
âreaht rûmran geþeaht *E* ‖ be þǽre rihtan ǽ, ǽr *W* ‖ rôde *erg. Gn* ‖
ærme, *L*, earme *Gm* ¹²⁴² myht *L* ‖ on] ôð *oder* ôð ic þurh *u. s. w.
E* ‖ þ *in* þeaht *nachträglich eingefügt* ¹²⁴³ wîsdôm *durch kommata eingeschlossen nach R* ‖ onwreah, *Gm* ¹²⁴⁴ sorgum gewǽled] *lücke Gm durch
versehen*, sǽldum bedǽled *E*, sorgum onǽled *L* ¹²⁴⁵ bitre *S* ‖ besgum
mit i über e, das wohl dadurch getilgt werden sollte, bisgum *Th*, bysgum
Gm ¹²⁴⁶ onlâh *L* ¹²⁴⁷ unscynde] unsêoce? *E* ‖ *punkt am ende Gm*,
gestrichen von L (*vgl. K*) ¹²⁴⁸ begeat *Gm*, begêat *L* ¹²⁵¹ breac (= bræc)
tB ¹²⁵² willum] hwîlum *R* ‖ worulde *L* ¹²⁵² trêos? ¹²⁵³ in gemynd *Th,
als ein wort Gm* ¹²⁵⁷ sigebêame *E* ‖ secg *L*] sæcc, sæc *Th* ‖ *komma h.*
sæc *E* ‖ odþæt *L* ‖ *komma am ende K* (*vgl. Gn*), *doppelp. Gn*

cnyssed cearwelmum, *cên* drûsende,
þêah hê in medohealle mâðmas þêge,
1260 æplede gold. *ŷr* gnornode
*nŷd*gefêra, nearusorge drêah,
enge rûne, þær him *eh* fore
mîlpaðas mæt, môdig þrægde
wîrum gewlenced. *wên* is geswiðrad,
1265 gomen, æfter geârum, geogoð is gecyrred,
ald onmêdla. *ûr* wæs geâra
geogoðhâdes glæm. nû synt geârdagas
æfter fyrstmearce forð gewitene,
lîfwynne geliden, swâ *lago* tôglîdeð,
1270 flôdas gefŷsde. *feoh* æghwâm bið
læne under lyftc, landes frætwe
gewîtaþ under wolcnum winde geliccost,
þonne hê for hæleðum hlûd âstîgeð,
wæðeð be wolcnum, wêdende færeð
1275 ond eft semninga swîge gewyrðeð
in nêdcleofan nearwe gebeaðrod,
þrêam forþrycced. † swâ þêos world eall gewîteð,

---

¹²⁵⁸ cearwylmum *L ¦ komma in cäsur zuerst L* ¹²⁵⁸·⁶⁰·¹·²·⁴·⁶·⁹·⁷⁰ *sind die in der hs. stehenden runenzeichen durch die cursivgedruckten namen derselben ersetzt ¦ cên*] cempa? *E* ¦ drûsende] '*aut supplendum est wæs aut legendum* drûsode' *E* ¹²⁵⁰ þæge *L* ¹²⁶⁰ æflede *Gm ¦ komma h.* gold *Gn ¦ ŷr*] ôðil *R,* yrming? *E ¦* geornode *°E ¦ am ende komma L* (*vgl. Gm*), *strichpunkt Gn* ¹²⁶¹ nŷd gefêra *vor L ¦* gefere *°K ¦ kein komma in cäsur Gn ¦* nearusorge *als ein wort zuerst E ¦* drêah (*ohne komma*) *zu* 1262 *L* ¹²⁶² eoh *Gm ¦* fôre *L,* fôre *mit komma Z¹* ¹²⁶³ *komma h.* mîlpaðas *Z¹* ¹²⁶⁴ *vor* wên *scheint dieselbe misratne rune r. ¦* geswiðrod *°L* ¹²⁶⁵ geóguð *°Gm ¦ semikolon h.* gecyrred *Gn* ¹²⁶⁶ ald] all? *R ¦ keine interp. in cäsur Gn ¦ ûr*] unne? *E,* ôr *L,* uppe *Dietrich* ¹²⁶⁷ geoguðhâdes *°L ¦* glêam *Gm ¦ sint °Gm* ¹²⁶⁸ firstmearce *°Gm* ¹²⁶⁹ *.die rune stand ursprünglich am ende einer zeile, doch ist sie hier radiert und am anfang der nächsten widerholt worden ¦* tôglîdæð *°K* ¹²⁷⁰ bŷð *°E* ¹²⁷¹ frætwa *E* ¹²⁷² *unter °L ¦* gelicost *°Th* ¹²⁷³ hludast igeð *°Th* (*verb. °L*) ¹²⁷⁴ wæðeð *Gm,* wæðeð *°E* ¹²⁷⁶ geheaðrod *°L* ¹²⁷⁷ *Gn erklärt den vers für 'metrisch bedenklich', S die zweite hälfte für 'ganz unmöglich', während Frucht*

ond êac swâ some, þê hire on wurdon
âtŷdrede, tîonlêg nimeđ,

1280 đonne dryhten sylf dôm gesêceđ
engla weorude. sceall ǣghwylc đǣr
reordberendra riht gehŷran
dǣda gehwylcra þurh þæs dêman mûđ
ond worda swâ same wed gesyllan

1285 eallra unsnyttro ǣr gesprecenra,
þrîstra geþonca. þonne on þrêo dǣleđ
in fŷres feng folc ânra gehwylc,
þâra þe gewurdon on wîdan feore
ofer sîdne grund. sôđfæste bîođ

1290 yfemest in þâm âde, êadigra gedryht,
duguđ dômgeorne, swâ hîe âdrêogan magon
ond bûtan earfeđum êađe geþolian,
môdigra mægen. him gemetgaþ eall
êldes lêoma, swâ him êđost biđ,

1295 sylfum gesêftost. synfulle bêođ,
mâne gemengde, in đâm midle þrêad,
hæleđ higegeômre, in hâtne wylm
þrosme beþehte. biđ se þridda dǣl,
âwyrgede womsceađan, in þæs wylmes grund,

1300 lêase lêodhatan, lîge befæsted
þurh ǣrgewyrht, ârlêasra sceolu,
in glêda gripe. gode nô syđđan
of đâm morđorhofe in gemynd cumađ,
· wuldorcyninge, ac.hîe worpene bêođ

---

in ihr einen a *-halbvers sieht* ‖ þrêaum *L* ‖ *komma in cäsur Gm, doppel-*
punkt E, punkt K ‖ eal *L* [1278] same *L* [1279] tcònlig *L* [1280] silf *E* [1281] sceal
Gm [1284] *komma h.* gesyllan *Gm, gestr. Gn (vergl. die übers. bei L)*
[1285] ealra *L* ‖ unsnyttra *E* [1286] *komma h.* geþonca *Gm, punkt L*
[1287] gehwċlc *Th (verb. Gm)* [1288] þâra þa *L* [1289] beođ *L* [1291] duguđ-
dômgeorne (*od.* -geornra?) *Gm* ‖ *strichpunkt in cäsur L* ‖ hi *L* [1293] eal
L [1294] eđles, æledes *oder* eledes *L*, eldes *Gn* ‖ bŷd *E* [1295] silfum *E*
[1296] þrêad] drêogađ *Gm* [1297] hæled *E* ‖ hygegeômre *Gm* ‖ *in tilgt Gm*
‖ hâtum wylme *E* [1298] beþeahte *E* ‖ bŷd *E* [1300] âwyrgeda *L* [1302] siđđan
Gm [1304] hi *L*

1305 of đâm heađuwylme in hellegrund,
torngenîđlan. biđ þâm twâm dælum
ungelîce. môton engla frêan
gesêon, sigora god. hîe âsodene bêođ,
âsundrod fram synnum, swâ smæte gold,
1310 þæt in wylme biđ womma gehwylces
þurh ofnes fŷr eall geclænsod,
âmered ond gemylted. swâ biđ þâra manna ælc
âscyred ond âsceâden scylda gehwylcre,
dêopra firena, þurh þæs dômes fŷr.
1315 môton þonne sîđþan sybbe brûcan,
êces êadwelan. him biđ engla weard
milde ond blîđe, þæs đe hîe mâna gehwylc
forsâwon, synna weorc, ond tô suna metudes
wordum cleopodon. forđan hîe nû on wlite scînaþ
1320 englum gelîce, yrfes brûcaþ
wuldorcyninges tô wîdan feore. — amen.

[1305] helle grund *vor Gn* [1306] bŷđ *E* [1308] hi *L* [1309] *strichpunkt vor swâ L* [1810] bŷđ *E* ‖ w. gehw. *durch kommata eingeschlossen Gm, keine interp.* E ‖ woman *K* [1311] eal *L* [1312] gemilted *L* ‖ bŷđ E [1815] sibbe *Gm* [1316] êadwelan *Gm* ‖ bŷđ *E* [1817] þæs] wæs *Th (verb. Th)* ‖ hi *L* [1819] forþam *L* ‖ hi *L* ‖ scîneđ *Gm* [1821] *ein kleines stück des senkrechten striches von w durch ein loch weg*

Glossar.

å *immer* 744. 802. 894. 896. 1029.
1082. 1257
æ *f. gesetz, offenbarung, evangelium, glaube, religion* 198.
281. 283. 315. 393. 397. 971.
1042. 1063
åbannan *st* V. *befehlen, rufen* 34
åbêodan *st* III. *entbieten, gebieten*
87. 1004
åbrêotan *st* III. *zerbrechen, vernichten, töten* 510
åbylgð *n. vergehen* 401. 513
ac *aber* 355, *sondern* 222. 450.
469. 493. 569. (863?). 1304
åcennan *sch* I *b erzeugen, gebären*
5. 178 339. 639. 776. 816
åcigan *sch* I *b rufen* 603
åclæca (= ægl-) *m. unhold* 902
åclêaw *s.* æglêaw
åcræft *m. gesetzeskenntnis,religion*
435
åcweðan *st* I a. *aussprechen, äussern*
1072
åcyrran *sch* I *b. abwenden* 1120
åd *m. feuer, scheiterhaufen* 585.
951. 1290
æðelcyning *m. edler könig* 219
æðele *edel, herlich* 275. 300. 476.
545. 591. 647. 662. 733. 787.
1025. [1029]. 1074. 1107. 1131.
1146. 1174
æðeling *m. edler mann, fürst* 12.
66. 99. 202. 393. 846. 886.
1003. 1198
æðelu *n. pl. geschlecht, herkunft,
eigenschaften* 315. 433. (1029)
ådrêogan *st* III. *es ertragen* 705.1291
åfêdan *sch* l *b aufziehen* 914
æfen *n. abend* 139
[æflian 'comparare' *Gm* 1260]
æfre *jemals* 349. 361. 403. 448.
507. 524. 572. 961, *immer* [451]

æfst *m. f. misgunst, neid, hass* 207.
308. 496. 524
æfter (*mit dat.*) *nach* 233. 430.
490. 1034. 1155. 1265. 1268;
828; *über* . . . *hin* 972; *durch*
. . . *hin* 363; *auf* 135. 675
åfyrhtan *sch* I *b. furchtsam machen,
erschrecken* 56
ågalan *st* IV. *erklingen lassen,
singen* 27. 342
ågan *pp. haben* 726. 1124. 1182
ågån, ågangan *st* V. *vergehen* l. 1227
ågen *eigen* 179. 422. 599. 1077
æghwâ *jeder* 1270
æghwylc *jeder* 1281
ågifan *st* I a. *geben, übergeben* 167.
455. 462. 545. 587. 619. 662
æglæc *n. schrecken, bedrängnis*
1188
æglêaw 806, åclêaw 321 *gesetzeskundig*
åhangen *s.* åhôn
åhebban *st* IV. *erheben* 10. 17. 29.
112. 353. 724. 838. 844. 862.
868. 879. 885. 976; *herabheben,
abnehmen* 482
åhôn *st* V. *aufhängen, kreuzigen*
180. 205. 210. 445. 453. 475.
671. 687. 718. 798. 934. 1076
æht *m. beratung* 473
æht *f. habe, eigentum* 905. 916,
besitz, gewalt 908
åhýðan *sch* l *b. plündern* 41
al-*s.* eal-
ælærend *glaubenslehrer* 506
ælc *jeder* 1312
ald *s.* eald
aldor *m. fürst* 97. 157. [213]
aldor *n. leben* 132. 349. 571.
1218
aldordôm *m. fürstentum, herschaft* 768

âlesan *st* I *a. erlesen, auswählen*
286. 380
ælfylce *n. fremdes land* 36
ull [1266] = eall
ælmihtig *allmächtig* 145. 800. 866.
1084. 1091. 1146. 1152
âlŷsan *sch* l *b. erlösen* 181
âmerian *sch* l *a. läutern* 1312
âmelan *st* l *a. ausmessen* 730, *zu-
messen* 1248
ân *ein* 417, acc. *sg. m.* ænne 585.
599, âura gehwylc *jeder einzelne,
gesammt* 1287
anbid *n. erwartung* [885]
ânboren *eingeboren* 392
[anbrôce *f. bauhols, holz? Gm* 1029]
and *steht im text für die abkürzung der hs. in zusammen-
setzungen wegen* 567. 1002
anda *m. ärger* 970
andsæc *n? bestreitung, bekäm-
pfung* 472
andswaru *f. antwort, auskunft*
166. 318. 375. 455. 462. 567.
642. 662. 1002
andswerian *sch* ll. *antworten* 396
andweard *gegenwärtig* 630
andweardlice *adv. gegenwärtig* 1141
andwlita *m. antlitz* 298
andwyrde *n. antwort* 545. 619
æne *einmal* 1253
ânforlætan *st* V. *im stiche lassen,
aufgeben* 630. 947
ânhaga *m. einsamer, einzelner
mensch* 604
ânhŷdig *in sich einig, entschlossen*
848; elnes â. *eifrig?* 829
ænig *irgend ein* 159. 166. 538.
567. 660. 916
ænlic *einzig, ausgezeichnet, herlich* 74. 259
ânmôd *einmütig* 396. 1118
æplede *apfelförmig* 1260
âr *m. bote* 76. 87. 95. 738. 981.
996. 1007. 1088
âr *f. ehre* 714, *gnade* 308
ær *adv. eher, früher, vorher* 74.
101. 240. 459. 478. 572. 602.
664. 707. 717. 882. 909. 922.
934. 975. 987. 1044. 1118. 1122.
1142. 1285; *präp. (m. dat.) vor*
1228; *conj. bevor* 447. 676. 863?
1241. 1246. 1254 = ærþan
1084

âræran *sch* l *b. aufrichten, erheben*
129. 887; *erfreuen* 804
ærdæg *m. tagesanbruch* 105
âreccan *sch* l *b. entwickeln, berichten* 635
ærest *zuerst* 116
ârfæst *gnädig* 12. 512
ærgewyrht *n. früheres tun* 1301
æriht *n. gesetzesrecht, glaube* 375.590
ârîsan *st* ll. *sich erheben, aufsteigen* 803, *auferstehen* 187.
486. 888
ârlêas *gottlos* 836. 1301
ærra *adj. früher* 305
ârwyrðe *ehrwürdig* 1129
ærþan *s.* ær
âsælan *sch* l *b. mit seilen binden,
verstricken* 1244
æsc *m. esche, lanze* 140
âsceâdan *st* V. *scheiden, fernhalten*
470, *reinigen* 1313
æscrôf *berühmt wegen der führung
der lanze* 202. 275
æscwiga *m. lanzenkämpfer* 259
âscyrian *sch* l *a. absondern, befreien* 1313
âsêcan *sch* l *b. aussuchen*
407. 1019
âsêoðan *st* lll. *läutern* 1308
âsettan *sch* l *b. hinsetzen, hinlegen*
847. 863. 877, *zurücklegen* (998)
âspyrigean *sch* l *a. erspüren, er-
gründen* 467
âstigan *st* ll. *aufsteigen* 188. 795.
900. 1328
âsundrian *sch* ll. *absondern, befreien* 1309
æt *(m. dat.) bei, an* 137. 146. 231.
251. 399. 965. 994. 1178. 1182.
1183. 1184. 1186. 1189. 1217;
in 628; *von* 181
ætsomne *beisammen* 834
âtŷdran *sch* l. *erzeugen* 1279
ætŷwan *sch* l *b. zeigen* 69
âwa *immer, ewig* 951
âweaxan *st* V. *erwachsen, auf-
wachsen* 1226
âweccan *sch* l *b. erwecken, vom
tode erw.* 304. 782. 946; *auf-
stacheln* 927
âwendan *sch* l *b. abwenden, pass.
ausschlagen* (581)
âweorpan *st* l *c. vertreiben* 763;
verwerfen, bestreiten 771

âwer = âhwǽr *irgendwo* 33
ǽwita *m. gesetzeskundiger mann*
455
âwritan *st*II. *beschreiben* 91
[âwundrad weorðan '*wird von etwas
gesagt, das einen ganz uner-
warteten ausgang nimmt, so-
dass man sich darüber wundert*'
W 581]
âwyrged *geächtet, verflucht* 1299
âþréotan *st*III. *verdriessen* 368

bæd *n. bad* 490. 1034
bædweg *m. meer* 244
bǽl *n. feuer, scheiterhaufen* [578]
bald *kühn* 412. 593. 1073
baldor *m. fürst* 344
bǽlfŷr *n. scheiterhaufenfeuer* (578)
bǽm *s.* bêgen
bân *n. gebein* 788
bâncofa *m. beinkammer, körper*
1250
bannan *st* V. *rufen, befehlen* 45
bǽr *f. buhre* 873
be *(mit dat.) bei, mit* 78. 505.
· 756; *an . . . vorbei* 1274; *von,
über, in betreff* 168. 337. 342.
350. 420. 444. 562. 601. 665.
706. 861. 867. 1068. 1189.
1241. 1257
bêacen *n. zeichen* 92. 100. 109.
162. 784. 842. 1194
[bêacenige? *m.* 'sign' *K* 842]
[bêaceninga '*wäre* ominose, fausto
omine, feliciter' *Gm* 842]
beadu *f. kampf, schlacht* 34. 45
beadurôf *kampfberühmt* 152. 1004.
1185
beaduþrêat *m. kampfschar, heer* 31
bêaggifa *m. ringgeber, herr* 100.
1199
bealu *n. übel, unrecht* 403
bealudǽd *f. übeltat, sünde* 515
bêam *m. baum, kreuz* 91. 217.
424. 851. 865. 887. 1013. 1074.
1225 1255
bearhtm 865, breahtm 39, beorhtm
205 *m? lärm*
bearn *n. kind, sohn* 179. 181. 354.
391. 446. 476. 525. 562. 783.
814. 837. 851. 964. 1077. 1127
bebêodan *st* III. *gebieten, befehlen*
224. (378). 412. 710. 715. 980.
1018. 1131. 1220

bebod *n. gebot* 1170
bebûgan *st* III. *vermeiden* 609
bêc *s.* bôc
beclingan *st* I c. *umgeben* 696
becuman *st* I b. *gelangen* 142
bedǽlan *sch* I b. *berauben* [1244]
bedelfan *st* I c. *vergraben* 1081
bedyrnan *sch* I b. *verbergen, verheimlichen* 584. 602
befæstan *sch* I b. *übergeben* 1300,
vergeben, verleihen 1213
befeol'an *st* I b. *verleihen* 196. 937
befôn *st* V. *umfassen, erfassen* 843
beforan *voran* 108, *vorher*1142. 1154
begangan *st* V. *üben, erfüllen* 1171
bêgen *beide:* bû 614. 889; *gen.*
bêga 618. 964, bêgra 1009; *dat.*
bǽm 805
begêotan *st* III. *eingiessen* 1248
begitan *st* I a. *erreichen, erlangen*
1152. [1248]
begrafan *st* IV. *begraben, vergraben, bedecken* 835. 974
behealdan *st* V. *bewohnen* 1144,
sehen, ansehen 111. 243
behelian *sch* I a. *verhehlen, ver-
stecken* 429. 831
behlîdan *st* II. *verschliessen* 1230
behŷdan *sch* I b. *verbergen* 793.
988. 1082
beliðan *st* II. *berauben* 878
belûcan *st* III. *einschliessen* 1027
bemîdan *st* II. *verheimlichen* 583
bên *f. bitte* 1089
*benugan *pp. (m. gen.) zur ver-
fügung haben* 618
bêodan *st* III. *bieten* 18, *gebieten*
[378], *entbieten* 80, *verkünden*
972. 1212
beofað *s.* bifigan
bêou *sein (oft in fut. bedeutung)*:
bið 339. 340. 432. 435. [451].
526. 606. 1029. 1187. 1194.
1270. 1294. 1298. 1306. 1310.
1312. 1316; bioð 1289, bêoð
1295. 1304. 1308
beorg *m. berg* 510. 578
beorgan *st* I c. *(mit dat.) bergen,
retten* 134
beorghlið 788, beorhhlið 1009 *n.
bergeshöhe*
beorht *glänzend, stralend, herlich* 88. 489. 783. 790. 822.
948. 1089. 1110. 1255

beorhte *adv. glänzend, stralend* 92
beorhtm *s.* bearhtm
beorn *m. mann, held* 100. 114.
  186. 253. [614]. 710. 805. 873.
  1062. 1187. 1199
berǣdan *sch l b. berauben* 498
beran *st l b. tragen* 45. 109. 1187.
  1196
berênfian *sch* II. *berauben* 910
bescûfan *st* III. *stossen, stürzen* 943
besencan *sch* I *b. versenken* [721]
besêon *st* I *a. blicken* 83
besetton *sch l b. besetzen* 1026
besylcan *sch l b. erschlaffen, entkräften* 697
betǣcan *sch l b. überweisen, übergeben* 585
betera *besser* 506. 618. 1039. 1046.
  1062
Bethlem *Bethlehem* 391
betwêonum *(hier m. gen.) zwischen*
  1207
beweorcean *sch. schmücken* 1024
beweotigan *sch* II. *besorgen, wahrnehmen* 745
bewindan *st* I *c. umwinden, umhüllen* 734, *eingeben* [213]
bewrecan *st* I *a. schlagen, peitschen*
  251
beþeccan *sch l b. bedecken* 76. 836.
  884. 1236. 1298
beþringan *st l c. bedrängen* 950.
  1245
beþurfan *pp. bedürfen, nötig haben* 543
bîd *n. erwartung* (885)
bið *s.* bêon
bîdan *st* II. *(mit gen.) erwarten, abwarten* 253; *weilen* 329. 484. 1093
biddan *st l a. bitten* 494. 600. 790.
  814. 1069. 1090. 1101
bifigan *sch* II. *beben* 759
bigang *m. verlauf* 1124
bil, bill *n. schwert* 122. 257
bioð *s.* bêon
bisceop *m. bischof* 1052. 1057.
  1073. 1095. 1127. 1217
bisgu *f. mühe, drangsal* 1245
bisittan *st l a. bei etwas (acc.) sitzen* 473
bissceophâd *m. bischofswürde* 1212
biter *bitter; n. bittre not?* 1245
  oder bitru *f. ansusetzen?*
bitre *adv. bitter, schmerzlich* [1245]

blâc *glänzend, stralend* 91
blǣd *m. glück* (162). 354. 826,
  herlichkeit 489
blanca *m. weisses pferd* 1185
blêo *n. gestalt* 759. 1106
bliðe *froh* 96. 246, *gnädig, huldreich* 1317
blind *blind* 1215
blindnes *f. blindheit* 299. 389
blin(n) *geschl.? aufhören, ende* 826
blis(s) *f. freude* 1138
blôd *n. blut [lebendes wesen?* 162]
bôc *f. buch* 204. 290. 364. 670.
  826. 853. 1212. 1255
bôcstæf *m. buchstabe* 91
boda *m. bote, gesanter* 77. 262. 551
bodian *sch* II. *verkündigen* 1141
bold *n. gebäude* [162]
bord *n. brett; schild* 24. 114. 235.
  1187; *bord* 238
bordhaga *m. schildschutz* 652
bordhrêða *m. schildschmuck?,
  schild* 122
bôt *f. besserung, heilung* 299. 389.
  1217; *busse* 515. 1039. 1126
brâd *breit, ausgedehnt* 917
breahtm *s.* bearhtm
brecan *st l b. brechen, zerbrechen*
  122; *mit macht dahin fahren* 244
bregdan *st l c. flechten* 257
brêost *n. brust* 595. 967. 1038.
  1095
brêostloca *m. brustverschluss,
  inneres* 1250
brêostsefa *m. sinn in der brust*
  805. 842. 1046
brîdels *m. zaum* 1175. 1185. 1199
brîdelshring *m. ring am zaume* 1194
brim *n. meer* 253. 972. 1004
brimnesen *'iter marinum' Gm,
  'das glückliche überstehen der
  seefahrt' Gn* [1004]
brimwudu *m. meeresholz, schiff* 244
brimþissa *m. meerdurchrauscher,
  schiff* 238
bringan *bringen mit sch. prät.
  brôhte, part.* brôht 873. 996. 1016.
  1130 *und mit st. part.* brungen
  1138
brôðor *m. bruder* 489. 510. 822
brogdenmǣl *schwert mit gewundenen zeichen* 759
brôhte *s.* bringan
bront *steil, hoch* 238

brûcan *st*III. *sich erfreuen, ge-
niessen* [451]. 1251. 1315. 1320
brytta *m. verteiler, verleiher* 162.
194; *urheber* 958
bryttian *sch*II. *zerteilen* 579
bû *s.* bêgen
burg *f. burg, stadt* [31]. 152. 412.
822. 864. 972. 992. 1006. 1054.
1057. 1062. 1204
burgâgend *burgbesitzend* 1175
[bûrgeat *n. tor nach E* 31]
Burgendas, -dan *pl. m. Burgun-*
der [31]
burgent? *f.? burg, stadt?? 31
burggeat *n. staditor* [31]
burgsittend *burgbewohner* 276
burgwigend *kämpfer einer burg*
oder stadt 34
bûtan *präp. mit dat. ausser, ohne*
802. 811. 826. 894. 953. 1228.
1292; *conj. ausser* 539. 661,
wenn nicht 689
byldan *sch*I*b. ermutigen, an-*
treiben 1039
bŷme *f. trompete* 109
byrgen *f. grab* 186. 484. 652
byrig *s.* burg
byrne *f. brünne* 257
byrnwig(g)end *brünnenkämpfer*
[34]. 224. 235

câf *adj. rasch, kühn* 56
Caluarie, -rię *eigenn.* 672. 676.
1011. 1098
campwudu *m. kampfholz* 51
can(n) *s.* cunnan
carcern *n. kerker* 715
câserdóm *m. kaisertum* 8
câsere *m. kaiser* 42. 70. 175. 212.
262. 330. 416. 551. 669. 999
cearwelm *m. kummerwallung* 1258
cêas *f. streit* 56
ceaster *f. stadt* 274. 384. 846. 973.
1205
ceasterware *pl. städter* 42
cempa *m. kämpfer* [1258]
cên *m. kien, kienspan, name der*
rune c 1258
cennan *sch*I*b. erzeugen, gebären*
336. 354. 392. 508; *schaffen,*
beilegen 587
cêol *m. kiel, schiff* 250
ceruphîn *cherubim* 750
cild *n. kind* 336. 776

cildhâd *m. kindheit* 915
cining *s.* cyning
Ciriacus *s.* Cyriacus
cirice *f. kirche* 1008
cirran *wenden* 915, cyrran *sich*
wenden 666 *sch* I*b.*
clǽne *rein* 96. 750
cleopigan *sch*II. *rufen* 696.1100.1319
clom *m.f. einklemmung,einengung,*
fessel 696
clynnan *sch*I*a. erklingen* 51
cnêo 848, cnêow 1136 *n. knie*
cnêomâgas *pl. geschlechtsver-*
wante, -genossen 587. 688
cniht *m. knabe* 339
cnihtgeong *im knabenalter stehend*
640
cnyssan *sch*I*b. schlagen* 1258
côlian *sch*II. *kalt sein* 883
collenferhð *stolz, mutig* 247.378.849
Constantînus *eigenn.* 8. 79. 103.
145. 1008
cordor *n. schar* 70.274.304.543. 691
cræft *m. kraft, kunst, kenntnis,*
wissen 154. 374. 558. 595. 1018.
1059. 1172
cræftig *bewandert, mächtig* 314.
[315?]. 419
Crêcas *pl. Griechen* 250. 262. 999
Crist *Christus* 103. 212. 460. 499.
678. 798. 973. 1011. 1035. 1050.
1120
cristen *christlich* 980.989.1069.1211
cûð *kund, bekannt* 42. 1192
cûðe *s.* cunnan
cuman *st*I*b kommen* 150. 274.
279. 549. 871. 908. 1110. 1123.
1205. 1214. 1303
cunnan *pp. kennen, wissen, ver-*
stehen, sich auf etwas verstehen,
können 167. 281. 284. 317. 828.
374. 376. 393. 398. 399. 531.
535. 635. 640. 648. 683. 684.
857. 925. 1020. 1163
cwacian *sch*II *zittern* 758
cwalu *f. qual, tod* 499
cwealm *m. qualvoller tod* 676
cwedan *st*I*a. reden, sprechen* 169.
571. 667. 749. 1120
cwên *f. königin* 247. 275. 324.
378. 384. 411. 416. 533. 551.
558. 587. 605. 610. 662. 715.
849. 980. 1018. 1069. 1130.
1136. 1152. 1170. 1205

cwic *lebend, lebendig* 691
cwide *m. rede* 547
cwom *s.* cuman
cwylman *sch l b. töten* 688
cŷðan *sch l b. verkünden* 161. 175.
199. 318. [439]. 540. 566. 607.
661. 671. 827. 854 1265; *zeigen*
558. 702, wundor c. *ein wunder
wirken* 1112
cyme *m. ankunft* 41. 1228, *das
zum vorschein kommen* 1086
cymen *s.* cuman
cyn. cynn *n. geschlecht* 188. 521.
591. 898. 1204; *volk* 209. 305.
(837)
cynestól *m. thron* 330
cyning 5. 13. 32. 51. 56. 62. 79.
96. 104. 129. 145. 152 *u. s. w.,*
cining 49. 800. 989. 1075. 1152.
1170 *m. könig*
[cyninge *f. königin* 610?]
Cyriacus 1059. 1069. 1098. 1211,
Ciriacus 1130 = lúdas 2
cyrran *s.* cirran

dǽd *f. tat, handlung* 386. 1283
dǽdhwæt *rasch zur tat, tatkräftig*
292
dæg, *gen. pl.* dagana 193 *neben*
daga 358, *m. tag* 140. 185. 198.
312. 485. 697. 1223
dægweorc *n. tagewerk* 146
dægweorðung *f. feier eines tages,
fest* 1234
dǽl *m. teil* 1298. 1306, *anteil,
loos* 1232
dǽlan *sch l b. teilen, sich verteilen*
1286
Dânúbia *f. Donau* 37. 136
dareðlácende 651, deareð- 37
lanzenkämpfer
daroð *m. geschoss, lanze* 140
daroðæsc? *m. (n?) speer aus
eschenholz* [140]
Dâuid *eigenn.* 342
dêad *tot* 651. 882. 945
dêað *m. tod* 187. 302. 303. 477.
500. 584. 606. 780
dêaðcwalu *f. todesqual* 766
deareð- *s.* dareð-
dêgol *n. verborgenheit* 339
delfan *st l c. graben* 829
dêma *m. richter* 746. 1283

dêman *sch l b. urteilen, verurteilen*
303. 311. 500
dêoful *m. teufel* 181. 302. 1119
dêofulgild *n. teufelsopfer, götzen-
dienst* 1041
dêogol 1093, dŷgol 541 *verborgen,
geheim*
dêop *geheimnisvoll* 584, *schwer*
1314; *adv.* 1190 *tief*
dêope *adv. tief* 1081
dêophyc(c)gende *tiefsinnig* 352.
882
dêoplîce *adv. gründlich* 280
dêore *s.* dŷre
dêorlîce *in herlicher weise* 1159
dierne *s.* dyrne
disig = dysig *töricht* 477
dôgorgerîm *n.* 780 = dôgorrîm *n.*
705 *anzahl von tagen*
dôm *m. urteil, gericht* 1280. 1314;
ruhm 365. 450; *seligkeit* 945;
wille 726
dômgeorn *nach seligkeit strebend*
1291
dômweorðung *f. ehre durch ruhm*
146
dôn *urglm. tun, handeln* 541;
*irgendwohin tun, legen, an-
bringen u. s. w.* 1175
draca *m. drache* 766
drêam *m. jubel, seligkeit* [451]. 1232
drenc *m. ertrinken* 136
drêogan *st lll. ertragen, erdulden,
erleiden* 211. 766. 952. 1261
drîfan *st ll. treiben, antreiben,
schlagen* 358
drúsian *sch ll. träge sein, schlecht
brennen?* 1258
drŷge *trocken* 693
dryhten *m. herr* 81. 187. 193. 198.
280. 292. 346. 352. 365. 371.
491. 500. 717. 726. 760. 897.
948. 971. 1010. 1140. 1160.
1168. 1206. 1280
dryhtlêoð *n. lied für die schar,
das volk* 342
dryhtscipe *m. heldentum* 451
dúfan *st lll. tauchen* 122
dugan *pp. taugen, etwas wert
sein* [451]
dugoð, -uð *f. was taugt; freude*
693; *schur, menge* 1291, *himmlische heerschar* 81; *pl. menschen*
450. 1093. 1160

dún *f. hügel* 717
duru *f. tür* 1230
dŷgol *s.* dêogol
dynnan *sch* l a. *lärmen, tönen* 50
dŷre *teuer, lieb* 292 == dêore *herlich* 1234
dyrnan *sch* l *b. verheimlichen, geheim halten* 626. 971
dyrne 723. 1093, dierne 1081 *verborgen, versteckt*
dysig *n. torheit* 707
dyslic *töricht* 386

êac *auch* 3. 742. 1007. 1278
êaðe *adv. leicht* 1292
êadbrêdig *selig* 266
êadig *glücklich, selig* 619. 806. 1290
êadmêdu *n. pl. od. f. sg. demut* 1088. 1101
êadwela *m. reichtum* 1316
eafera 439, eafora 353 *m. sprössling, nachkomme*
êage *n. auge* 298
eal, eall (alra 645, allra 816) *all* 26. 187. [293]. 370. 385. 422. 446. 475. 483. 486. 512. 519. 645. 649 (*im ganzen*). 731. 753. 769. 816. 894. 1088. 1101. 1118. 1197. 1220. 1236. 1285; *ganz* 729. 1277; *jeder* 772. *adv. ganz, durchaus* 856. 1131. 1155. 1293. 1311
eald 207. 455. 905, ald 252. 1266 *alt; comp.* yldra 159, min yldra *mein vater* 462, yldra *fæder grossvater* 436
ealdfêond *m. feind von alters her, erbitterter feind* 493
ealdgewin *n. kampf in alter zeit* 647
earc *f. bundeslade* 399
eard *m. wohnsitz, wohnung* 599. 622
earfeðe *oder* earfoð *n. mühsal, qual* 700. 1292
earhfaru *f. pfeilflug, kampf* 44. 116
earhgeblond *n. meeresgemisch, meer* 239
earm *m. arm* 1236
earn *m. adler* 29. 111
eart *bist* 809. 815 *zu* bêon
êastweg *m. östlicher weg, osten* 255. 996

eatol *entsetzlich, schrecklich* 902
eaxlgestealla *m. vertrauter gefährte* 64
Ebrêas *pl. Hebräer* 287. 448
ebreisc 397. ebresc 559, ebrisc 725 *hebräisch*
êce *ewig* 526. 746. 800. 802. 1042. 1231. 1316
êce *adv. ewig, stäts* 1218
êde *leicht, angenehm* 1294
êdel *m. heimat* 1220 [*wohnung?* 1294]
êdgesŷne *leicht zu sehen* 256
êdigen *sch* II. *hauchen, atmen, riechen*; 1107 *vom aufsteigen einer flamme*
edniowunga *aufs neue* 300
êdre *sogleich* 649, syððan ê. *sobald als* 1002
efnan *sch* l. *ausführen, tun* 713
eft *wider, später* 143. 148. 255. 350. 382. 500. 514. 516. 903. (921). 924. 1000. 1155. 1220. 1275
egesa 82. 321. 1129, egsa 57 *m. schrecken, furcht*
êgstrêam *m. wasserstrom, fluss* 66, meer 241
eh *m. n. pferd, name der rune* e 1262
êbtan *sch* l *b. mit gen. verfolgen* 139. 928
elde 476, ilde 521, ylde [451]. 792 *pl. menschen*
êled *m. feuer* (1294)
Elene *Helena* 219. 266. 332. 404. 573. 604. 620. 642. 685. 848. 953. 1008. 1051. 1063. 1198. 1218
ellen *n. kraft, eifer* 725. 829
elpêod *f. fremdes volk, pl. feinde* 139
elpêodig *fremd, feindlich* 57. 82. 908
ende *m. ende* 137. 590. 802. 811. 894. 953, *grenze* 59
endelif *n. lebensende* 585
enge *eng, beengend* 712. 921. 1262
engel *m. engel* 79. 476. 487. 622. 773. 777. 784. 858. 1101. 1231. 1281. 1307. 1316. 1320
engelcyn *n. engelgeschlecht* 733
ent *m. riese* [31 ?]
êode *def. v. ging* 220. 377. 411. 557. 846. 1096

eoforcumbul 259, eofur- 76 *n.*
  eberzeichen, helm
eofot *n. schuld, sünde* 423
eofulsæc *n? lästerung* 524
êom *bin* 923 *zu* bêon
eorcnanstân *m. edelstein* 1025
eordcyning *m. irdischer könig* 1174
eorðe *f. erde* 591. 622. 728. 753.
  829. 836. 878. 1109. 1226
eordweg *m. irdischer weg, erde*
  736. 1015
êoredcest *f.* 'clecta legio' *Gm,* 'tur-
  ma*, legio*' *Gn,* 'ausgewählte
  reiterschar*' Kr,* 'marsch-
  kolonne*' tB* 36
eorl *m. edler mann* 12. 66. 225.
  256. 275. 321. 332. 404. 417.
  435. 620. 787. 848. 1074. 1198
eorlmægen *n. schar edler männer*
  981
eorre *s.* yrre
êow *dat. euch* 298. 309. 339. 350.
  365. 407. 553. 574. 580 *u. s. w.*
êow, êowic (318) acc. *euch* 295.
  368. 551. 578 *u. s. w.*
êower *euer* 305. 315. 375. 579 *u.s.w.*
ermdu 768, yrmdu 953 *f. elend*
Essâias *eigenn.* 350
êst *f. gnade* 986
Eusêbius *eigenn.* 1051
[êwigean *sch. sich zeigen?* 1107]

fæc *n. zeitraum, zeit* 272. 383. 960
fæcne *betrügerisch, teuschend, un-
  zuverlässig* 577. 1237
fæder *m. vater* 343. 436. 438. 454.
  463. 517. 528. 784. 891. 1084.
  1106. 1151; *pl.* fæderas *vorfahren*
  388. 398. 425. 458
fæderlic *väterlich, ererbt* 431
fædm *m. ausdehnung* 729, *aus-
  gespannte oder umspannende
  arme* 881, *umarmung* 766
fædman *sch* I. *umfassen, umgeben* 972
fæge *dem tode geweiht* 117, *tot* 881
fæger *schön, erfreulich* 98. 242.
  891. 911. 949
fægere *adv. schön* 743, *vortreff-
  lich* 1213
fâh *bunt, befleckt* 1243 (*oder mit
  gott verfeindet? s. d. folgd.*)
fâh *geächtet* 769. 925
fæle *lieb, traut* 88

fâmig *schäumend* 237
fær *n. kriegsfahrt, kampf* 93. 646
fâer *m. gefahr, schrecken* [93. 646]
faran *st* IV. *fahren, dahin fahren,
  ziehen* 21. 27. 35. 51. 261. 734.
  1274
fæst *fest, befestigt, festgehalten*
  252. 570. 723. 771. 883. 909. 1037
fæste *adv. fest, standhaft, beharr-
  lich, entschieden* [213]. 933.
  937. 1208
fæsten *n. befestigung, unzugäng-
  licher ort, zufluchtsort, schlupf-
  winkel* 134
fæstlice *fest, entschieden* 427. 797
fæt *n. gefäss, behälter, kasten* 1026
fêa *wenig* 174. 818
feala 362. 778. 912. 945. 987. 1044,
  feale 636 *viel*
feallan *st* V. *fallen* 127. 1134
fearodhengest *m. meerhengst, schiff*
  226
fêða *m. fussvolk, schlachtreihe,
  heer, heerkörper* 35
fêðegest *m. ankömmling, fremder*
  845
feng *m. umarmung* 1287
fêogan *sch* II. *hassen* 356. 360
feoh *n. vieh, habe, besitz, name
  der rune* f 1270
feohgestrêon *n. besitz, reichtum* 911
fêond *m. feind* 68. 93. 108. 1179,
  bes. vom teufel 207. (721?). 900.
  954
fêondscipe *m. feindschaft* 356. 498
feor *fern, entfernt* 831, *in ferner
  vergangenheit* 1142
feorh, *g.* feores *m. n. leben* 134. 498.
  680; *zeit* 1288; tô widan feore
  in ewigkeit 211. 1321
feorhlegu *f. lebensende, ermordung*
  458
feorhneru *f. lebenserhaltnng, ret-
  tung* 898
feorran *aus der ferne* 993. 1213
fêower *vier* (744)
fêran *sch* 1b. *fahren, ziehen* 215
ferhð 174. 427. 797. 801. 991.
  1037. 1164, fyrhð (*sonst*) *m. n.
  leben* (widan f. *ewig*) 761. 801;
  seele, geist 174. 196. 427. 463.
  570. 641. 797. 991. 1037. 1164
ferhðglêaw 327, fyrhð- 881 *klug
  im geist*

ferhðsefa 316. 850. 895, firhð- 213,
fyrhð- 98. 534. 1079 *m. lebens-
geist, seele, sinn*
ferian *schI a. führen, tragen* 108
fêt *s.* fôt
fiðre *n. flügel* 743
fifelwæg *m. meer* 237
fifhund *fünfhundert* (379)
findan *stI c. (prät. aber auch* funde
831) *finden* 84. 202. 327. 373.
379. 831. 925. 974. 987. 1032.
1080. 1217. 1255, *herausfinden,
ermitteln* 632. 641
finger *m. finger* 120
fir'as *m. pl. männer* 898. 1078. 1173
firen *f. vergehen, sünde* 909. 1314
firhð- *s.* ferhð-
fiðn *m. f. geschoss, pfeil* 117
flêogan *stIII. fliegen* 140
flêon *stIII. fliehen* 127. 134
fliht *m. flug* 744
flôd *m. flut* 1270
flôdweg *m. weg über die flut hin*
[215]
flot *n. schwimmen, meerfahrt* 226
(*nach Gn meer*)
fodder *n. futter* 360
folc *n. volk, menge* 117. 157. [213].
415. 499. 872. 891. 895. 989.
1056. 1095. 1287; *pl. leute,
menschen* 27. 215. 362. 502. 1143
folcscearu *f. volksteil, volk* 402.
968
foldbûende *pl. erdbewohner* 1014
folde *f. erde* 722. 974. 987. 1080
foldgræf *n. erdgrab* 845
foldweg *m. weg über die erde
hin* 215
folgaþ *m. gefolgschaftsdienst* 904
folgian *schII. folgen, sich wonach
richten* 930
folm *f. hand* 1066. 1076
for *präp. mit dat. vor, vor augen,
in gegenwart* 4. 110. 124. 170.
175. 180. 332. 351. 362. 404.
406. 417. 587. 591. 596. 620.
688. 782. 979. 1198. 1273; *vor,
wegen* 63. 703; *wegen, aus, für*
491. 496. 521. 564. 657. 677.
1134; *in betreff* 1065; *mit acc.
für, statt* 318. 546
fôr *f. fahrt* [1262]
foran *vorn* 1184
forð *vor, vorwärts, zum vorschein,*

heraus *u. dgl.* 318. 784. 1105;
dahin, hin, vorüber 120. 139.
590. 636. 1062. 1268; *weiter
hin, fortwährend* 192. 213
forðsnoter, -snotter *sehr weise* 379.
1053. 1161
fore *adv. vor augen* 345 (*vgl. den
f. art.*)
fore *präp. mit dat. und acc. vor*
746. 848, *nachgestellt* 577. 637.
1262 (*oder hier adv. einst?*)
foresnotter *sehr weise* [379]
foreþanc *m. vorausdenken, vor-
sicht, klugheit* 356
forgifan *stI a. verleihen, schenken*
144. 164. 354. 1218
forlæran *schI b. verleiten* 208
forlætan, forlêtan 432 *stV. lassen*
598. 700. 712. 793; *verlassen,
aufgeben* 432. 689. 929
forniman *stI b. wegraffen* 131. 136
[578]
forsêcan *schI b. heimsuchen* 933
forsêon *stI a. verschmähen, verachten* 389. 1318
fortyhtan *schI b. verführen* 208
forwyrd *f. untergang, verderben,
vernichtung* 765
forþan, forðan *deshalb* 309. 517.
522. 1319
forþryccan *schI b. bedrücken, bedrängen* 1277
forþylman *schI b. umgeben, einschliessen* 767
fôt *m. fuss* 1066
fôtmæl *n. fussmass, fuss als mass*
831
fram, *from* 590 *präp. mit dat.
von* 140. 190. 296. 299. 301.
411. 590. 701. 1120. 1142. 1309;
aus 712
Francan *pl. Franken* 21
frætwan *sch. schmücken* 1199
frætwe *f. pl. schmuck, zierde,
zierat* 88. 1271
frêa *m. herr* 488. 680. 1068. 1307
frêcne *schrecklich, entsetzlich* 93
fremman *schI a. tun, vollführen,
üben, betätigen* 472. 524. 569.
646
frêobearn *n. edles kind* 672
freoðode *s.* fridian
frêond *m. freund* 360. 954
frêondlêas *freundlos* 925

frêondrædden *f. freundschaft* 1208
fricca *m. heerrufer, herold* 54.
550
fricgan 991, fricgan 157. 560
stIa. *mit gen. fragen*
frid *m. n. frieden* 1184
frideléas *friedlos* 127
fridian, *prät.* freodode, schII. *be-
schütsen, behüten* 1147
fridowebba *m. friedensweber,
engel* 88
frignan stIc. *fragen* 443. 534.
542. 570. 589. 850. 1068. 1164
frige *f. pl. liebe* 341
frôd *klug, weise* 343. 431. 438.
443. 463. 531. 542. 637. 1164,
alt 1237
frôfor *f. trost, freude* 196. 502.
993. 1037. 1106. 1143
from *s.* fram
from *tüchtig, tapfer* 261
fromlice *adv. tapfer, rasch* 454
fruma *m. anfang* 1142, *urheber*
772. 793. 839, *erster, fürst* 210.
[213. 518]
frymd *f. m. anfang* 345. 502
frŷnd *s.* frêond
ful *voll* 752. 939; *adv. vollständig, ganz* 167. 860
fûl *n. unreinheit* 769
fultum *m. hilfe* 1053
fulwiht *f. n. (m?) taufe* 172. 192.
490. 1034
furþum *eben, erst;* syddan f. *sobald nur* 914
furdur *fürder, weiter, mehr* 388
fûs *bereit (mit gen.)* 1219, *todes-
bereit* 1237
fylgan schIb. *folgen, anhängen*
371
fyllan schIb. *fallen lassen, ab-
werfen, aufgeben* 1041
fyr *comp. su* feor [646]
fŷr *n. feuer* 1106. 1287. 1311.
1314
fŷrbæd *n. feuerbad, höllenfeuer*
949
fyrd *f. heer* 35
fyrdhwæt *tapfer im krieg* 21.
1179
fyrdlêod *n. kriegslied* 27
fyrdrinc *m. kriegsmann* 261
fŷrhât *heiss, wie feuer* 937
fyrhd *s.* ferhd

fyrhdwêrig *traurig im herzen* 560
fyrmest *zuerst* 68, *am meisten* 316
fyrn *vor langer seit* 632. 641. 974
fyrndagas *m. pl. alte zeit* 898.
425. 528. [722]
fyrngeflit *n. alter streit* 904
fyrngemynd *n. erinnerung an
altes, geschichte* 327
fyrngewrit *n. alte schrift* 155.
373. 431. 560
fyrngid *n. alte kunde* 542
fyrnweota 343, -wiota 438, -wita
1154 *m. alter weiser*
fyrst *m. frist, zeitraum, seit* 67.
490. 694
fyrstmearc *f. bestimmte zeit, zeitraum* 1034. 1268
fyrwet *n. neugier. wissbegier* 1079
fŷsan schIb *sich bereit machen*
226. 981

gâd *n? mangel* 992
galan stIV. *singen, schreien* 52.
124
gǽlan schIb. *säumen* 692. 1001
galdor *m. gesang, rede* 161
galga *m. galgen, kreuz* 179. 480.
719
gamel *alt* 1247
gang 633. 1256, gong 648 *m. gang,
lauf*
gangan stV. *gehen* 313. 372. 406
gâr *m. geer, speer* 23. 118. 125
gârþracu *f. geersturm, kampf* 1186
gârþrist *kühn mit dem geer* 204
gâst *m. geist, seele* 176. 182. 199.
302. 352. 471. 480. 682. 791.
889. 936. 1022. 1037. 1058.
1070. 1077. 1100. 1106. 1145.
1157
gâstgerŷne *n. geistgeheimnis, geheime erwägung der seele* 189.
1148
gâsthâlig *heilig im geist* 562
gâstlêas *entseelt* 875
gâstsunu *m. geistessohn* 673
gê *und,* gê . . . gê *sowohl . . .
als auch, sei es dass . . . oder
dass* 629. 631. 965. 966
gê *ihr* 290. 293. 294. 297. 302.
306. 310 *u. s. w.*
geâclian schII. *erschrecken, beun-
ruhigen* 57. 1129 (*oder inf.*
âclian?)

geador *zusammen* 26. 889
geagncwide 525, gēncwide 594 *m.*
antwort, widerspruch
geagninga *vollständig* 673
geār *n. jahr* 1. 7. 648. 1265
geāra *vor jahren, vor langer zeit*
1266
geārdagas *m. pl. lebenstage* 1267,
einstige, frühere tage 290. 835
geare, gere 860, gearu (1045 ?),
gearwe 1240 *ganz und gar,
durchaus, vollständig, hinlänglich* 167. 399. 419. 531. 648.
719; *comp.* gearwor 946; *sup.*
gearwast 528
gearolice *durchaus, genau* 288
gearu *bereit* 23. 85. 222. 227.
555. 605. 1029. 1045?
gearusnotter 586, gearosnotor 418
sehr klug
gearwe *s.* geare
gearwian *sch*II. *bereit machen,
rüsten* 1000
geāsne *mit gen. arm an* 924
geatolic *stattlich* 258. 331
gebann *n. befehl* 557
gebēro *n. pl. gebahren, benehmen*
710, gebēru *tun* 659
gebēodan *st*III. *gebieten* 276. 1007
gebidan *st*II. *warten* 865
gebindan *st*Ic. *binden* 772. 1245
geblissian *sch*II. *erfreuen* 840.
876. 990. 1126
gebrec *n. lärm* 114
gebringan *bringen* [614]
gebyrde *angeboren* 593
gecēosan *st*III. *wählen* 607. 1039.
1059. 1166
geclǣnsian *sch*II. *reinigen* 678.
1035. 1311
gecnāwan *st*V. *erkennen* 708. 808.
1140
gecost *erprobt* 257. 269. 1186
gecweđan *st*Ia. *sprechen* 338. 344.
440. 939. 1191
gecwēme *angenehm, lieb* 1050
gecŷđan *sch*Ib. *verkünden* 409.
446. 533. 588. 690. 816. 861;
zeigen 595. 1050. 1091; wundor
g. *wirken* 866
gecynd *f. art, natur* 735
gecyrran *sch*Ib. *umkehren, ändern*
1061; *vergehen* 1265
gedafenlic *passend* 1168

gedôn *urglm. tun, machen, ver-
wenden* 1159; gedôn forđ *zum
vorschein bringen, zeigen* 784
gedrybt *f. schar* 27. 737. 1290
gedwola *m. irrtum, irrlehre* 311.
371. 1041. 1119
gedŷrsian *sch*II. *verherlichen* [451]
geēacnian *sch*II. *befruchten* 341
geearnian *sch*II. *verdienen* 526
geefnan *sch*Ib. *ausführen, tun*
1015
gefǣr *n. fahrt, heer* 68
gefaran *st*IV. *dahin fahren, ster-
ben* 872
gefǣstnian *sch*II. *befestigen* 1068
gefēa *m. freude* 195. 870. 949. 980
gefeallan *st*V. *fallen* 651
gefeoht *n. gefecht, kampf* 646.
1184
gefēon *st*Ia. *sich freuen* 110. 174.
247. 849. 991. 1116
gefēran *sch*Ib. *fahren, kommen*
736. 993
gefetian 1053, gefetigean 1161
*sch*II. *holen*
gefic *n. betrug* 577
geflit *n. streit* 443. 954
gefrǣtwian *sch*II. *schmücken* 743
gefrēge *bekannt* 968
gefremman *sch*I. *vollbringen, tun*
363. 386. 402. 415. 515. 779.
818. 912; *verschaffen* 299; *an-
tun, zeigen* 501
gefricgan *st*Ia. *erfahren, lernen*
155. [1116]
gefrignan *st*Ic. *erfahren* 172. 1014
gefullǣstan *sch*Ib. *helfen* 1151
gefulwian *sch*II. *taufen* 1044
gefylgan *sch*Ib. *folgen, beharren
bei* 576
gefyllan *sch*Ib. *erfüllen* 452. 680.
1071. 1084. 1131. 1135. 1143
gefŷsan *sch*Ib. *mit gen. bereit
machen* [22]. 260; *antreiben,
unruhig machen* 1270
gegearwian *sch*II. *bereit machen,
rüsten* 47; *mit etwas ausrüsten,
versehen* 889
geglengan *sch*Ib. *schmücken* 90
gehǣftan *sch*Ib. *binden*, hungre
gehǣfted *vom hunger gequält*
613
geheađrian *sch*II. *einschränken,
einsperren* 1276

gehealdan *st* V. *halten, beobachten* 192

gehðu *f. kummer, sorge* 322. [531?]. 609. 667

gehigd *f. gedanke* 1224

gehladan *st* IV. *beladen* 234

gehlêða *m. genosse* 113

gehwâ *jeder* 358. 465. (548). 569. 973. 1187. 1229

gehwæðer *jeder von beiden* 628. 964

gehwǽr *überall* [548?]. 1183

gehweorfan *st* I c. *sich wenden* 1126

gehwylc *jeder* 278. 319. 409. 423. 598. 645. 910. 1030. 1156. 1179. 1283. 1287 (*s.* ân). 1310. 1313. 1317

gehŷdan *sch* I b. *verbergen* 832. 1092

gehŷnan *sch* I b. *erniedrigen, herunterbringen, schwächen* 720. 923

gehŷran *sch* I b. *hören, vernehmen* 333. 364. 442. 511. 660. 709. 957. 1002. 1282. *erhören* 785

gehyrstan *sch* I b. *ausrüsten, schmücken* 331

gehyrwan *sch* I b. *vernachlässigen* 221

geiewan 102, geŷwan 74. 183. 488. 787 *sch* I b. *zeigen* [gelǽcan 43 *übers.* K *durch* move]

gelǽdan *sch* I b. *geleiten, führen* 714

gelǽstan *sch* I b. *leisten, ausführen, tun* 1166. 1197; *betätigen* 1208

geléafa *m. glaube* 491. 966. 1036. 1137

geléafful 960, geléaffull 1048 *gläubig*

geléodan *st* V. *wachsen* 1227

gelettan *sch* I b. *hindern, aufhalten* 94

gelîc *ähnlich, gleich* 1320, *vergleichbar* 1272

geliðan *st* II. *gehen, fahren, gelangen* 249, *vergehen* 1269

gelimpan *st* I c. *geschehen* 271. 1155, *sich treffen, begegnen* 441, *in erfüllung gehen* 963

gelŷfan *sch* I b. *glauben* 518. 796

gemang *n. menge,* on g. *unter* 96. 108. 118

gemengan *sch* I b. *mengen, vermischen, beflecken* 1296

gemêtan *sch* I b. *antreffen, finden* 871. 1013. 1225

gemetgian *sch* II. *mässigen, sich mässigen, mildern* 1293

gemôt *n. zusammenkunft, versammlung* 279

gemyltan *sch* I b. *schmelzen* 1312

gemynd *f. n. erinnerung, gedächtnis* 644. 1303, on g. niman *sich erinnern, denken an* 1233; *seele* 1248

gemynde *eingedenk, bedacht* 1064

gemyndig *eingedenk, bedacht* 213. 266. 819. 902. 940

gên *noch, wider* 373. 925. 1063. 1078. 1080. 1092. 1218

gêncwide *s.* geagn-

geneahhe *genügend, in hohem grade, sehr* 1065. 1158

genêgan *sch* I b. *anreden* 385

genemnan *sch* I b. *nennen, benennen* 741

generian *sch* I a. *retten* 132. 163, *befreien* 301

geniðla *m. oder* -e *f? feindseligkeit, feindschaft* 610?. 701

geniman *st* I b. *nehmen* 599

gêoc *f. hilfe, abwehr* 1139. 1247

gêocend *helfer* 682. 1077

geofen *n. meer* 227. 1201

geogoð *f. jugend* 638. 1265

geogoðhâd *m. jugendzeit* 1267

geolorand *m. gelber schild* 118

geômor *traurig, bejammernswert* 182. 322. 627. 922

geômormôd *trauriggestimmt* 413. 555

geond *präp. mit acc. über...hin* 16. 969. 1177, *durch...hin* 278. 734

geopenigean *sch* II. *öffnen* 792. 1231; *eröffnen, enthüllen* 1102

georn *eifrig* 268

georne *adv. eifrig, angelegentlich* 199. 216. 322. 413. 471. 600. 1157. 1171; *genau* 1163

geornian *sch* II. *begehren* [1260]

geornlice *adv. eifrig* 1097. 1148

gêotan *st* III. *giessen* 1133

gerǽde *n. veranstaltung, vermittlung?* 1054. 1108

gereccan *sch* I b. *berichten, erzählen* 649

gerestan *schI b. rasten, ruhen* 1083

gerûm *n. raum;* on g. *hinweg* 320

gerûma *m.* = gerûm [320]

gerŷman *schI b. erweitern* 1249

gerŷne *n. geheimnis* 280. 566. 589. 813

gesǽlig *selig* 956

gesamnian *sch* II. *versammeln* 26. 282

gesceâdan *st* V. *scheiden, entscheiden* 149

gesceaft *f. schöpfung* 729. 1089 (*vom himmel*); *geschöpf* 894; *gegenstand* (*v. kreuz*) 183. 1032

gesceap *n. geschöpf, gegenstand* (*vom kreuz*) 790

gescrîfan *st* II. *anordnen, bestimmen, fügen* 1047

gescyrdan *schI b. verletzen, vernichten* 141

gescyrtan *schI b. verkürzen* [*vermindern?* 141]

gesêcan *schI b. aufsuchen* 230. 255. 270. 1280

gesecgan 985, gesecggan 168 *schI b. sagen*

gesêðan *sch I b. wahr machen, beweisen* 582

gesêft *besänftigt, angenehm* 1295

gesêon, gesîon 243 *st I a. sehen, erblicken* 68. 71. 75. 88. 100. 842. 1111. 1121. 1308

gesettan *schI b. setzen, einsetzen, bestimmen* [614]. 739. 1055

gesihð *s.* gesyhð

gesîon *s.* gesêon

gesittan *st I a. dasitzen, sich hinsetzen* 863

gespon *n. geflecht* 1135

gespreccan *st I a. sprechen* 667. 1285

gesteald *n. wohnung* 802

gesund *gesund, glücklich* 997. 1005

gesweorcan *st I c. dunkel werden* 856

geswerigan *st* IV. *schwören* 686

geswîcan *st* II. *aufhören, ablassen von* (*gen.*) 516

geswiðrian *sch* II. *vermindern, schwächen* 698. 918. 1264

gesyhð, gesihð 614 *f. gesicht, augen* 184. 346. 614. 847; *anblick* 98. 965

gesyllan *sch I b. geben* 1284

gesŷne *sichtbar, zu sehen* 144. 264

getǽcan *schI b. zeigen* 1075, *mitteilen* 601

getâcnian *sch* II. *bezeichnen, auszeichnen* 754

getellan *schI b. zählen* 2. 634

getengan *schI b.* (*eilig*) *begeben* 200 (*in prosa intrs. eilen*)

getenge *sich andrängend, nahe; sunde* g. *auf dem meere* 228, *grunde* g. *auf dem grunde* 1114

getimbrian *schI. und* II. *zimmern, bauen* 1010

getrŷwe *getreu* 1035

getŷd *gelehrt, bewandert* 1018

getŷnan *schI b. einschliessen* 722. 921

gewadan *st* IV. *gehen, dringen* 1190

gewǽlan *schI b. quälen, peinigen* 1244

geweald *n. gewalt, kraft, macht* 120. 610. 726

gewendan *schI b. wenden, richten* 1047, *sich wenden* 617

geweorðan *st I c. werden, geschehen, zu teil werden* 456. 611. 632. 641. 643. 923. 994. 1192. 1275; *mit präpos. kommen* 614. 1288

geweorðian *sch* II. *ehren, auszeichnen* 150. 177. 823. 1193. [1196]

gewerian *schIa. bekleiden* 263

gewitan *st* II. *gehen, sich wenden* 148: *forð* g. *und einfaches* g. *vergehen, dahin schwinden* 94. 636. 1268. 1272. 1277

gewitt *n. witz, verstand, sinn* 357. 459. 938. 1191

gewlencan *schI b. stolz machen, schmücken* 1264

gewrit *n. schrift, buch* 387. 654. 658. 674. 827. 1256

gewunian *sch* II. *bewohnen, inne haben* 1038

gewyrcan *schI b. verfertigen* 104, *schaffen* 727. 738, *begehen* 513

gewyrd *f. ereignis, begebenheit* 647

geŷwan *s.* geîewan

geþanc, geþonc 1286 *m. gedanke* 267. 312. 807. 1239

geþeaht *f. überlegung, beratung* 468. 1060, *kenntnis* 1241

geþencan *schI b. denken, erwägen* 313

geþinge *n. schicksal* 253

gebôht *m. gedanke, beginnen* 426
gebolian *sch* II. *erdulden, ertragen* 1292
gebonc *s.* gebanc
gebrêagan *sch.* II. *bedrängen, erschrecken* 321
gebrêatian *sch* II. *bedrängen, peinigen* 695
gebrec *n. andrang* 114
gebringan *st* I *c. abdrängen, erobern* 40
gebrôwian *sch* II. *dulden, leiden* 519. 563. 855. 859
gidd *n. lied, erzählung, rede* 418. (531?). 586
gif *wenn* 435. 441. 459. 514. 533. 542. 576. 621. 773. 777. 782. 789. 857. 1004
gifan *st* I *a. geben* 360, *verleihen* 365
gifu *f. gabe, geschenk, gnade* 176. 182. 199. 265. 596 967 1033. 1058. 1144. 1157. 1201. 1247
gildan *st* I *c. gelten, vergelten* 493
gim *m. edelstein* 90
giman *sch* I *b. mit gen. auf etwas achten, sich um etwas kümmern* 616
gimcyn *n. edelsteinart* 1024
gina *noch* 1070
ging *jung* 353. 464. 875, *comp.* gingra 159
giô *einst* 436
girwan *sch* I. *fertig machen, bauen* 1022
gîsel *m. geisel, bürge* 600
glæd *glänzend, erfreut, froh* 956
glædmôd *frohgestimmt* 1096
glæm *m. glanz, jubel, freude* 1267
glêaw *klug* 536. 594. 638. 807. 1163. 1212
glêawbŷdig *klug im sinn* 935
glêawlice *adv. klug* 189
glêawnes *f. klugheit* 962
glêd *f. glut* 1302
gnornian *sch* II. *trauern, betrauern* 1260
gnornsorg *f. kummer* 655. 977
gnyrn *f. trauer* 1139, *unrecht* 422
gnyrnwrêc *f. rache für erlittenes unrecht* 359
god *m. gott* 4. 14. 109. 161. 179. 201. 204. 209. 290. 345. 372. 399. 422. 464. 481. 502. 519. 525. 562. 673. 679. 687. 699 *u. s. w.*

gôd *gut* 637; *n. gut* 924
godbearn *n. gottes kind, sohn* 719
godcund *von gott stammend, göttlich* 1033
gôddênd *pl. wohltäter* 359
godgimmas *m. pl.* 'gottes gemmen, sterne des himmels' *Gm,* gôdg. 'jewels' *K* [1114]
godspel *n. evangelium* 176
gold *n. gold* 90. [162]. 331. 1024. 1260. 1309
goldgim *m. goldedelstein?* (1114, *unbelegt*)
goldhomam.goldgeschmücktes kleid 992
goldhord *n. goldschatz, schatz* 791
goldwine *m. goldverteilender freund, herr* 201
gomen *n. freude, vergnügen* 1265
gong *s. gang*
gram *feindlich* 43. 118
grâp *f. griff, greifende hand* 760
grêot *n. sand, erde* 835
grim *grimmig, heftig* 525
grîma *m. helm* 125
grîmhelm *m. (verhüllender) helm* 258
gring *geschl? niederfallen* 115 (*statt* cring?)
gringan *st* I *c. fallen, sinken* 126 (*statt* cringan?)
gripe *m. griff* 1302
grund *m. grund* 1114. 1299, *erde* 1289, *abgrund* 944
gryrefæst *grauenhaft, schrecklich* 760
gûd *f. kampf* 23. [43]
gûdcwên *f. kampfkönigin* 254. 331
gûdgelæca *kampfgenosse, kämpfer* 43
gûdheard *kampftüchtig* 204
gûdrôt *kampfberühmt* 273
gûdscrûd *n. kampfkleid* 258
gûdweard *m. kampfwart, fürst* 14
guma *m. mensch, mann* 14. 201. 254. 278. 464. 531. 562. 638. 1096. 1186. 1203
gumrice *n. menschenreich, reich* 1221
gylden *golden* 125
gylt *m. schuld, sünde* 817

habban *urglm. sch. haben* 49. 63. 155. 224. 249. 288. 316. 369.

381. 408. 412. 415. 594. 621.
808. 825. 870. 910. 998. 1130.
1253. 1254
bâd *m. stand, art* 740, *gestalt* 72.
336. 776; þurh lêohtne bâd *in
herlicher weise* 1246
bæ̂den *heidnisch* 126 1076
bæ̂der *heiter, hell* 748
bæft *m. haft* 703
bæftnêd *f. haftnot, gefangenschaft*
297
bæl *f. heil* 1003
bæled *m. held, mann, mensch*
73. 156. 188. 273. 511. 538.
640. 661. 671. 679. 709. 852. 936.
1006. 1012. 1054. 1108. 1204.
1273. 1297
bælend *m. heiland* 726, 809. 862.
912. 920. 1063
bâlig *heilig* 86. 107. 128. 218.
333. 355. 364. 429. 442. 457.
625. 670. 679. 701. 720. 740.
751. 758. 785. 821. 841. 843.
853. 885. 936. 976. 988. 1006.
1012. 1032. 1054. 1087. 1094.
1145. 1169. 1195. 1204. 1224
bælo *f. heilung* 1216
bâm *m. wohnung, wohnstätte* 921.
acc. heim, nach hause 143. 148
band *f. hand* 457. 805. 843
bandgeswing *n. handgeschwinge,
kampf* 115
bæs *f. geheiss, befehl* 86
bât *heiss* 579. 628. 1133. 1297
bâtan *st V. heissen, nennen* 505.
756, *befehlen* 42. 79. 99. 105.
129. 153. 214. 276. 509. 691.
863. 877. 999. 1003. 1007. 1023.
1051. 1161. 1173. 1198. 1202
bê *er* 9. 13. 15. 70 *u. s. w.*; hêo
570. 1136, hio 268. 325. 420.
568. 569. 571. 598. 710 *sie*; hit
es 170. 271 *u. s. w.*; *gen.* his *sein*
147. 162. 193 *u. s. w.*; hiere 222,
hire 1200 *ihr; dat.* him *ihm* 18.
72. 76 *u. s. w.*; hire *ihr* 223. 567.
609. 667. 682 *u. s w.*; *acc.* hine
ihn 14. 200. 440 *u. s. w.*; hîe *sie*
(1136 ?); hit *es* 350. 702 *u. s. w.*;
pl. nom. acc. hîe 48. (68). 175.
209. 210 *u. s. w.*, hêo 116. 254.
555. 565. 571 *u. s. w.*, hio 166.
324 326. 384. 569 *u. s. w. sie*;
gen. hiera 360, hira 174. 359. 451

u. s. w. ihrer, ihr; dat. him *ihnen*
173. 182. 319. 325 *u. s. w.*
headofremmende *kampfübend* 130
headowelm 579, headuwylm 1305
m. schreckliches feuer
bêafodwylm *m. tränen* 1133
hêah *hoch* 424. 983; *sup.* hihst
(197?)
bêahengel *m. erzengel* 751
hêahmægen *n. hohe macht* 464 753
healdan *st V. halten* 824, *behalten*
449. 1169, *bewahren* 156, *ver-
teidigen, wahren* 758
healf *f. seite* 548 955. 1180
healfcwic *halbtot* 133
healsian *sch II. beschwören*
healt *hinkend* 1215
hêan *niedrig, niedergedrückt* 1216,
heruntergebracht 701
hêanne *s.* hêah, hêan
hêannes *f. höhe* 1125
hêap *m. haufe, menge, heer* 141.
269. 549. 1206
heard *hart, verhärtet* 565. 809;
heftig 83. 115; *streng* 557; *schwer
zu ertragen, unerträglich* 180. 704
hearde *adv. hart, sehr* 400
heardecg *adj. mit harter, gefähr-
licher schneide* 758
bearding *m. held* 25. 130
hearm *m. harm, schaden* 912
hearmloca *m. kerker* 695
hebban *st IV. heben, erheben* 25.
107. 123. 890
beht *s.* hâtan
bel *f. hölle* 1230
helan *st I b. hehlen, verbergen* 703.
706
helledêofol *m. höllenteufel* 901
bellegrund *m. höllengrund* 1305
hellesceada *m. höllenfeind, teufel*
957
helm *m. helm, hülle* (230), *be-
schützer, herr* 148. 176. 223. 475
help *f. hilfe* 679. 1012. 1032
hêo *n. gestalt* 6
beofen, beofon, heofun *m. himmel*
88. 101 188 527. 699 728 753.
801 976 1230
heofoncyning, · cining *m. himmelskönig* 170. 367. 748
heofonlic *himmlisch* 740. 1145
heofonrîce *n. himmelreich* 197. 445.
621. 629. 718. 1125

heofonsteorra *m. himmelsstern* 1113
heolstor *n. hülle, versteck, finsternis* 1082. 1113
heolstorhof *n. finstere wohnung* 764
heorte *f. herz* 628. 1224
heorucumbul *n. feldzeichen* 107
heorudrêorig *schwertblutig, verwundet* 1215
heorugrim *kampfgrimmig* 119
hêr *hier* 661
here, *gen.* herges *und* heriges, *gen. pl.* herga, heriga, heria *m. heer, menge, schar* 32. 41. 52. 58. 65. 101. 110. 115. 143. 148. 180. 205. 210. 406
herebyrne *f. kampfbrünne* [22]
herecumbol *n. heer-, feldzeichen* 25?
herefeld *m. schlachtfeld, feld* 126. 269
heremægen *n. volksmenge* 170
heremedel *n. volksversammlung* 550
hererǽswa *m. heerführer* 995
heresîd *m. heerfahrt* 133
heretêma *m. heerführer* 10
hereweorc *n. kampf* 656
hereþrêat *m. heerschar* [22]. 265
herg- *s.* here
hergan, herian *sch* I *a. loben, preisen* 453. 893. 1097. 1221
heria *s.* here
herigean *sch. verhöhnen* 920
herwan 387 *vernachlässigen*, hyrwan 355 *verachten sch* I *b.*
hete *m. hass* 424
hettend *pl. feinde* 18. 119
hiebdo, -a *f. höhe* 1087
Hierusalêm 273, Ierusalêm 1056 *eigenn. (die erste schreibung ist die gewöhnliche, die zweite (oder* Gerusalêm) *gibt aber die aussprache besser wider, da das wort in guter zeit nur mit g und j allitteriert).*
hige *s.* hyge
higefrôfor *f. herzenstrost* 355
higegléaw *klugen sinnes* 333
higeþanc *m. herzensgedanke* 156
hild *f. schlacht, kampf* 18. [22]. 32. 49. 52. 65. 83 140
hildedêor *tapfer im kampf* 936
hildegesa *m. kampfesschrecken* 113
hildemecg *m. kampfmann, held* [22]
hildenǽdre *f. kampfnatter, geschoss* 119. 141

hilderinc *m. kampfmann, held* 263
hildeserce *f. kampfhemd, panzer* 234
hildfruma *m. kampffürst* 10. 101
hiwbeorht *von stralender schönheit* 73
hlâf *m. laib, brot* 613. 616
hlǽfdige *f. herrin* 400. 656
hlâford *m. herr* 265. 475. 983
bleahtor *m. gelächter, hohngelächter* 920
blêapan *st* V. *laufen* 54
hlêo *m. decke, schirm, schutz* 99. 150. 507. 616. 1074
hlêodrian *sch* II. *reden* 901
hlêor *n. wange* 1099. 1133
hlibban *st* IV. *lachen, sich freuen* 995
hlôwan *st* V. *brüllen* [*schmettern* 54]
hlûd *laut* 1273
hlûde *adv. laut* 110. 406
hlŷt *m. loos, teil, schar* 821
bnâg *niedrig, kläglich* 668
hnesce *weich* 615
hof *n. hof, wohnung, stätte* 557. 712. 834
holm *m. meer* [230]. 983
holmþracu *f. ungestüme see* 728
holt *n. gehölz, wald* 113
hôn *st* V. *hängen, kreuzigen* 424. 852
hord *n. hord, schatz* 1092
hornbora *m. hornträger, hornist* 54
horu (*nach* Sievers *instr. von* horh) *m. schmutz, auswurf* 297
hospcwide *m. hohn-, schmährede* 523
hrâ *n. körper* 579, *leiche* 885
hrade *adv. leicht, schnell* 76. 406. 669. 710
hrædlîce *adv. rasch, schnell* 1087
Hrêdas = Hrêdgotan 58
hreder *m? inneres, seele* 1145
hrederloca *m. verschluss des inneren, brust* 86
Hrêdgotan *die ruhmvollen Goten* 20
hrefen 52, hrefn 110 *m. rabe*
hrêmig *mit instr. erfreut* 149. 1138 [hreodian 1239 'zittern' *L*]
hrêof *rauh, krätzig, aussätzig* 1215
hrêosan *st* III. *stürzen, fallen* 764
hring *m. getön, schall, laut* 1132
hringedstefna *m. ein schiff, dessen vorderteil mit einem ringe (oder mit ringen) versehen ist* 248

hrôðer *m. freude* 16. 1160
hrôf *m. dach* 89
hrôpan *st* V. *rufen* 54. 550
hrôr *rührig, behend, tapfer* 65
hrûse *f. erde* 218. 625. 843. 1092
hû *wie* 176. 179. 185. 335. 367.
456. 474. 512. 561. 611. 632.
643. 954. 960. 997
hûd *f. beute* 149
Hûgas *pl. eigenn.* (21?)
Hûnas *pl. Hunnen* 20. [21?]. 32.
41. 49. 58. 128. 143
hund *n. hundert* 2. (379. 634)
hungor *m. hunger* 613. 616. 687.
695. 701. 703. 720
hûru *adv. wahrhaftig, gewiss* 1047.
1150
hûs *n. haus, gehäuse* 881. 1237
hwæðre *doch, dennoch* 719
hwan, tô hwan *wozu* 1158
hwær *wo* 205. 217. 429. 563. 624.
675. 720. 1103
hwæt (*zu* hwâ) *n. was* 161. 400.
414. 532. 608. 649. 903. 1160.
1165; *als ausruf (fürwahr)* 293.
334. [357]. 364. 397. 670. 853.
920
hwæt *scharf, rasch, tapfer* 22
hwætêadig *reich an (guten) vor-*
zeichen, glücklich 1195
hwætmôd *mutig* 1006
hwîl *f. weile, zeit* 479; *acc.* hwîle
lange 582. 625; *dat. pl. einst*
[1252]
hwît *weiss, glänzend* 73
hwonne *wann* 254
hwôpan *st* V. (*mit dat. der pers.*
und instr. der sache) *drohen* 82
hwurfe [629] 'excederet' *Gm*
hwylc *welch* 73. 851. 862
hwyrft *m. bewegung, lauf, umlauf* 1
hycgan *sch* I *b. hoffen, bedacht*
sein auf [629]
hŷdan *sch* I *b. verbergen* 218. 1108
hŷð *f. hafen* 248
hyder *hierher, nach dieser seite* 548
hyge 685. 995. 1094. 1169, hige
809. 841. 1082 *m. sinn, seele, herz*
hygegeômor 1216, hige- 1297
trauriggestimmt
hygerûn *f. herzensgeheimnis* 1099
hyht *m. hoffnung, freude* 197.
(629?). 798
hyhtful *voll freude* 923

hyhtgifa *m. freudenspender* 852
hŷnðu *f. erniedrigung, elend* 210
hŷran *sch* I *b. hören, erfahren* 240.
538. 572. 670. 853; *mit dat.*
hören auf, gehorchen 367. 839.
934. 1210
hyrde *m. hirt, hüter* [213]. 348. 859
hyrst *f. rüstung* 263
hyrwan *s.* herwan
hyse *m. junger mann, sohn* 523

ic *ich* 240. 288. 319. 345. 348.
353. 354. 362 *u. s. w.*
ican *sch* I *b. mehren* 905
ides *f. weib, frau* 229. 241. 405
Ierusalêm *s.* Hier-
ilca *selbe, nämliche* 183. 436
ilde *s.* elde
in *präp. mit dat. in* 9. 177. 196.
210. 391. 412. 425. 484. 527.
602. 621. 622. 694. 737. 741.
747. 765. 766. 768. 771. 779.
782. 807. 822. 823. 826
u. s. w.; *wo wir 'in' mit acc.*
brauchen, 921; *an* 1224, *auf*
330. 578. *mit acc. in* 6. 201.
274. 305. 693. 765. 775. 931. 943.
944. 1026. 1089. 1205. 1287.
1297. 1299. 1302-3. 1305; *cen-*
ned (âcenned) in cildes hâd, *wo*
wir 'in' mit dem dativ brauchen,
336. 776; *an* 1123; *von der*
zeit 452. 1209
in *adv. ein* 122, *hinein* 846
inbryrdan *s.* onbryrdan
ingemynd *f. n. inniger gedanke*
1253
ingemynde *den gedanken, dem*
gedächtnis eingeprägt 896
ingeþanc *m. inniger gedanke* 680
innoð *m. inneres, brust* 1146
innan; on innan *im innern, inner-*
halb, in 1057
instæpes *sogleich* 127
inwit *n. bosheit* 207
inwitþanc *m. boshafter gedanke,*
bosheit 308
inwrêon *s.* onwrêon
Iôseph *eigenn* 788
is *ist* 426. 465. 512. 553. 591.
593. 633. 636. 643. 703. 750.
751. 752. 771. 822. 903. 906.
917. 918. 1123. 1168. 1264. 1265

Israhelas *pl. Israeliten* 338. 361.
433. 800

Iûdas *eigenn.* 1) *Judas Ischarioth*
922; 2) *später* Cyriacus *genannt* 418. 586. 600. 609. 627.
655. 667. 682. 807. 860. 875.
924. 935. 1033. 1056

Iûdêas *pl. Juden* 209. 216. 268.
278. 328 837. 977. 1203

îwan *sch* 1*b.* (*sich*) *zeigen* [842]

kalendas *pl. monatsanfang* 1229

lâ *fürwahr, wohl* 903

lâc *n. gabe, geschenk* 1137. 1200

lâcan *st* V. *springen, hüpfen,
flackern* 580. 1111, *fliegen* 900

lâd *leidig, schmerzlich* 978, *verhasst, feindlich* 30. 94. 142 ,

lâdan *sch* 1*b. leiten, führen* 241.
691. 1184, *verbreiten* 969

lâdian *sch* 1I. *laden, vorladen* 383.
551. 556

lâdlic *verhasst, schmerzlich* 520

lago *m. see, meer, wasser; name
der rune* 1 1269

lagofæsten 249, lagu- 1017 *n.
wasserfeste, meer*

lagostrêam *m. wasserstrom, fluss*
137

lama *m. ein lahmer* 1214

land *n. land* 250. 262. 270. 999,
erde 1271

lâne *nur geliehen, vergänglich*
1271

lang *lang* 432

lange *adv. lange* 602. 723. 793.
1119, *comp.* leng 576. 702. 706.
907

lâr *f. lehre* 335. 368. 388. 432.
839. 929. 1210; *belehrung* 286.
1166. 1246; *antrieb* 497

lâran *sch* 1*b. lehren, belehren, un-
terrichten* 173. 191. 529; *er-
mahnen* 522. 1206

lârsmið *m. lehrer* 203

lâs *adv. weniger;* þŷ lâs *damit
nicht* 430

lâssa *kleiner, geringer* 49

lâst *m. spur;* on lâste *nach, hinter . . . her* 30

lâstan *sch* 1*b. leisten, erfüllen, be-
folgen* 368

lâtan *st* V. *lassen, zulassen, ver-
anlassen* 237. 250. 819. 1105

late *adv. spät* 708

lâttêow 1210, lâttiow 520. 899 *m.
leiter, führer*

lêaf *n. laub, blatt* 1227

leahtor *m. vorwurf, sünde* 839

leahtorlêas *sündenlos* 1209

lêan *n. lohn* 825

lêas *frei* 422. 497. 778, *beraubt*
693. 945; *loose, falsch, betrügerisch* 1300

lêas *n. falschheit, lüge* 576. [580]

lêasing 1123, lêasung (580). 689
f. lüge

lêasspell *n. falsche nachricht,
fabel* [580]

lêf *schwach, gebrechlich* 1214

lêgen *feurig* 757

leger *n. lager* 602. 723. 883

lencten *mn. lenz, frühjahr* 1227

leng *s. lange*

lêod *f. volk, pl. leute, menschen*
20. 128. 163. 181. 208. 285.
666. 723. 1111. 1127

lêodfruma *m. volksfürst* 191

lêodgebyrga, -gebyrgea, -geborga?
[11] *m. volksbeschützer, einfluss-
reicher bürger* (11). 203. 556

lêodhata *m. leutehasser, wüterich*
1300

lêodbwæt *sehr tapfer?* [11]

lêodmæg *m. volksverwanter, volks-
genosse* 380

lêodmægen *n. menschenmenge* 272

lêoðrûn *f. liedgeheimnis, geheime
belehrung* 522

leoðucræft *m. gliederkraft* 1251
[*früher* lêoðucræft *dichtkunst*]

lêof *lieb* 511. 523. 606. 1036. 1048.
1206

leofað *s.* lifgan

lêoflic *lieblich, liebenswürdig* 286

lêofspell *n. liebe nachricht* 1017

lêoht *licht, hell, leuchtend* 163.
491. 737. 1137. 1246

leoht *leicht* 173

lêoht *n. licht* 7. 94. 298. 307. 486.
734. 948. 1045?. 1123

lêohte *adv. hell, leuchtend, klar*
92. 966. 1116

lêoma *m. licht, glanz* 1294

leomu *s.* lim

leornian *sch* 1I. *lernen* 397

leornungcræft *m. gelehrsamkeit* 380
lesan *st* I *a. zusammenlesen* 1238
libban *sch* I *b. leben* 311
lîc *n. leib* 878. 883
licgan *st* I *a. liegen* [721]
lîchoma *m. leib* 737
lîf *n. leben* 137. 305. [518]. 520.
526. 575. 606. 622. 664. 706.
757. 793. 878. 899. 1027. 1046.
1209
lîfdæg *m. lebenstag* 441
lîffruma *m. urheber des lebens* 335
lifgan 486, leofad 450 *sch* II. *leben*
lifweard *m. lebenshüter* 1036
lifwyn *f. lebenswonne, -freude* 1269
lîg *m. flamme, feuer* 580. 1111. 1300
lîgcwalu *f flammenqual* 296
lige *m. lüge* 307. 575. 666
ligesearu *n. lügnerische list* 208
ligesynnig *durch lügen sündigend*
899
lim *n.*, *pl* leomu, *glied* 883
limsêoc *gelähmt* 1214
lindgeborga *m. einer, der mit dem*
schild (im kampf) schützt? [11]
lindbwæt *behend mit dem schilde*
(im kampfe) (11)
lindwered *n. mit schilden bewaff-*
nete schar 142
lindwigend *m. mit einem schild*
bewaffneter kämpfer 270
lîxan *sch* I *b. leuchten, glänzen* 23.
90. 125. 1116
loc *n. verschluss, schloss* 1027
loca *m. verschluss, gefangenschaft*
181
lôcian *sch* II. *blicken* 87
lof *n. lob* 212. 748. 890
lofian *sch* II. *loben* 453
lûcan *st* III *schliessen, einschliessen,*
in gold fassen 264
lufe *f. liebe* 948. 1206; for lufan
um . . . *willen* 491. 564
lufian *sch* II. *lieben, belieben* 597
lufu *f. liebe* 937
lungre *adv. schnell* 30. 368
lust *m. lust, freude;* on luste *er-*
freut 138, *freudig* 261; lustum
gern 702, *mit lust, freudig* 1251
lyft *m. f. luft* 734. 900. 1271
lyftlâcende *in der luft schwebend*
796
lŷsan *sch* I *b. lösen, erlösen* 296
lŷt *wenig* 63

lŷtel *klein, gering* 272. 383. 664. 960
lŷthwôn *sehr wenig* 142

mâ *mehr* 634: *in zukunft* 817,
länger, noch 434
maðelian *sch* II. *reden* 332. 404.
573. 604. 627. 642. 655. 685. 807
mâðum *m. kleinod* 1259
mæg *f. verwante* 330. 669
magan *pp. können* 33 160. 166.
243 324. 448. 466. 477. 511. 582.
583. 588. 609. 611. 632. 635. 677.
702. 705. 735. 770. 860. 979.
1159. 1178. 1291
mægen, mægn 408 *n. kraft, macht*
347. 408. 698. 810. 1223; *menge,*
schar 55. 61. 138. 233. 242. 283.
1293
mægencyning *m. mächtiger könig*
1248
mægenþrym *m. grosse herlichkeit*
735
maias *lat.* 1229
mæl *n. zeit* 987
mælan *sch* I *b. reden* 351. 537
man *m. mann, mensch* 16. 326.
467. 626. 660. 735. 872. 903.
1229. 1312; *man* 358. 711. 755
mân *n. frevel, unrecht, sünde* 626.
1296. 1317
mânfrêa *m. frevelhafter herr* 942
mânfremmende *sündigend* 907
maneg 15. 501, manig 231. 258.
970. 1017. 1176, monig 499 *manch,*
viel
manrîm *n. menschenzahl* 650
mânweorc *sündhaft* 812
mânþêaw *m. sündiger brauch* 930
(*oder* manþêaw? *menschen-*
brauch, sitte)
mærðu *f. ruhm* 15, *ruhmvolle oder*
wunderbare tat oder begeben-
heit, dat. pl. mærðum *wunder-*
bar 871
mære *bekannt* 1177, *berühmt* 340.
1223, *herlich* 214. 864. 970. 990.
1013. 1064. 1225. 1242
Mâria *eigenn.* 775. 1233
mæst *der grösste* 31. 35 196. 274.
381. 408. 977. 984. 993
mê *mir* 163. 164. 317. 375. 409.
462. 679. 812 912. 1074; *mich*
361. 700. 920, mec *mich* 469.
528. 819. 910. 1078

meaht, meahte *s.* magan

mear- *s.* mearh

mearcpæđ *n. pfad über die gemarkung* 233

mearh 55. 1193, *dat.* meare 1176 *m. pferd, ross*

mēđe *müde, erschöpft* 612. 698, *elend* 812

međel *n. versammlung* 546. 593, *rede, gebet?* 786

međelbêgende *beratend* 279

međelstede *m. versammlungsstätte* 554

medobeal *f. methalle* 1259

melda *m. verräter* 428

mengan *sch* l *b.* mengen, *vermengen* 306

mengo 377. 596, mengu 225, menigo 871 *f. menge*

mennisc *menschlich* 6

meotod 366. 686. 986, meotud 461. 474. 564. 1043, metud 819. 1318 *m. schöpfer*

merestrêt *f. meeresstrasse* 242

metan *st* l *a. messen, durchmessen, zurücklegen* 1263

mêtan *sch* l *b. antreffen, finden* 116. 833. 986

metelêas *speiselos* 612. 698

metud *s.* meotod

micel 876, mycel 44. 102. 426. 597. 646. 7ծ5 *gross; instr. n.* micle *um vieles* [646]; *dat. pl.* miclum 876, myclum 1000 *aufs höchste*

mid *präpos. mit dat. oder instr. mit* 92. 105. 377. 577. 622. 707. 714. 742. 805. 821. 843. 844. 854. 865. 1025. 1067. 1123. 1178; *unter* 328. 407. [451]. 891. 1203; *bei* 1233. *mit acc. mit* 275. 297. 998, *unter* 737

miđan *st* ll. *verbergen, verschweigen* 28. 1099

middangeard *m. erde, welt* 6. 16. 434. 775. 810. 918. 1177

middel *m. mitte* 864. 1296

midl *n. gebiss am zaum* 1176. 1193

miht *f. macht* 15. 295. 310. 337. 340. 366. 558. 584. 597. 727. 786. 819. 1043. 1070. 1100. 1163. 1242

mihtig *mächtig* 680. 942. 1068

milde *gnädig* 1043. 1317

milpæđ *m. meilenpfad* 1263

milts *f. gnade* 501

min *gen. zu* ic 347

mîn *mein* 163. 349. 436. 438. 447. 454. 462. 471. 517. 528. 535. 656. 681 *u. s. w.*

môd *n. sinn, herz, gemüt, seele* 268. 554. 597. 629?. 990. 1064. 1223. 1242

môdblind *geistig blind* 306

môdcræft *m. geisteskraft* 408

môdcwânig *traurig im herzen* 377

môdeg *s.* môdig

môdgemynd *f. n. gedächtnis* 381, *herz* 840

môdgeþanc *m. herzensgedanke, meinung* 535

môdig 138. 1263. 1293, môdeg 1193 *mutig*

môdor *f. mutter* 214. 340

môdsefa *m. sinn, herz* 876

môdsorg *f. herzenskummer* 61

molde *f. erde* 55

moldweg *m. weg auf der erde, erde* 467

monig *s.* maneg

monigfeald *manigfaltig* 644

mordor *n. mord, totsünde* 428. 626. 942

mordorhofn. *mordhof, strafort* 1303

mordorsleht *m. mordgemetzel* 650

morgenspel *n. kunde, die sich am morgen verbreitet* 970

môrland *n. moorland* 612

môtan *pp dürfen, können* 175. 433. 906. 916. 1005. 1307. 1315

Moyses *eigenn.* 283. 337. 366. 786

mûd *m. mund* 660. 1283

mund *f. hand* 730

mycel *s.* micel

myndgian *sch* ll. *sich erinnern* 657

myngian *sch* ll. *mahnen, erinnern* 1079

myrgan *sch* l *b. 'rejoice'* K [244]

nêfre *niemals* 388. 468. 538. 659. 778

nâgan *pp. nicht haben* 356

nægel *m. nagel* 1065. 1078. 1086. 1103. 1109. 1115. 1128. 1158. 1173

nales 359. 470. 1253, nalles 818. 1134 *keineswegs*

nama *m. name* 78. 418. 437. 465. 503. 505. 530. 586. 750. 756. 1061

nǽnig *kein* 505
nǽre = ne wǽre *nicht wäre* 171. 777
næs = ne wæs *nicht war* 991
næs *m. vorgebirge, abgrund, tiefe* 832
nât = ne wât *nicht weiss* 640
nâthwylc *ich weiss nicht welcher, irgend ein* 73
Nazareð *eigenn.* 913
ne *nicht* 28. 62. 81. 166. 219. 240. 340. 348. 361. 394. 428 *u. s. w.*
nê *noch, und nicht* 167. 221. 240. 399. 524. 567. 684. 860; nê . . .
nê *weder* . . . *noch* 572
neah *adv. hinlänglich* (657?)
nêah *nah; sup.* nîbst [197] *nächst, letzt*
nêah *adv. nahe* 66
nêan *von nahe, nahe, beinahe* [657]
nearo *f. enge, bedrängnis, verlegenheit* 1103. 1240?, *enger raum, kerker* 711, *versteck* 1115
nearolic *beengend, bedrängend* 913
nearusearu *f. geheime list* 1109
nearusorg *f. beengender kummer* 1261
nearwe *adv. eng, genau, sorgfältig* 1158. 1276
nêat *n. nutztier, rind* 857
nêawest *f. nähe, nachbarschaft* 67. 874
nêd- *s.* nŷd-
nêgan *schlb. anreden* 287. 559
nemnan *schlb. nennen* 78. 1060. 1195
neoðan *von unten* 1115
nêol *abschüssig, tief* 832
nêolnes *f. abgrund, tiefe* 943
neorxnawang *m. paradies* 756
nêosan *sch. mit gen. besuchen, aufsuchen* 152
nêowe *s.* niwe
nergend, nerigend 1078. 1173 *rettend, retter, heiland* 461. 465. 503. 799. 1065. 1078. 1086. 1173
nesan *st I a.? mit acc. überstehen, mit dem leben davon kommen* [1004; *vgl. Gen.* 1341. *Andr.* 515?]
nêsan = nêosan *schw. aufsuchen* [1004, *aber das präs. ist unmöglich*]
nið *m. mann* 465. 503. 1086

nîð *m. streit, feindschaft, feindseligkeit* 838. 905. 913
niðer 832, nyðer 943 *nach unten, hinunter*
nîðheard *tapfer im streit* 195
nigoða *neunter* 870. 874
nîhst *s.* nêah
niht *f. nacht* 198. 483. 694. 1228. 1240
nihthelm *m. nachthülle, dunkel* 78
nihtlang *die nacht hindurch dauernd* 67
niman *st I b. nehmen* 615. 1233, *dahin raffen* 447. (578). 676. 1279
nîod *f. eifer, absicht* [629?]
nis = ne is *nicht ist* 911
nîwe 195. 1061. 1103. 1128, nêowe 870 *neu*
nîwigan *sch II. erneuern* 941
nô *niemals* 780?. 838. 1083. 1302
noldon = ne woldon *wollten nicht* 566
nû *nun, jetzt* 313. 372. 388. 406. 426. 511. 531. 582. 607. 625. 633. 636. 664. 666. 765. 793. 808 *u. s. w.; verstärkt* nûþa 589. 661; *als conj. da nun* 534. 635. 702. 815. 908. 1171
nûþa *s.* nû
nŷdcleofa 711, nêd- 1276 *m. notkammer, kerker, gefängnis*
nyðer *s.* niðer ·
nŷdgeféra *m. notgefährte, in not befindlicher mensch* 1261
nŷdþearf *f. notwendigkeit* 657
nysse 1240, nyste 719 = ne wisse, ne wiste *wusste nicht*
nyton = ne witon *wissen nicht* 401

ôð *präp. mit acc. bis zu* 139. 312. 590. 870; ôð þæt *bis dahin* 1257; *conj. bis* 866. 886
oððe *oder* 74. 159. 508. 634. 975. 1114
ôðer *ander* 233. 506. 540. 928
ôðfæstan *sch I b. befestigen, anlegen zufügen* 477
ǽðil = êðel (1260?)
ôðŷwan *schlb. sich zeigen, erscheinen* 163
of *präp. mit dat. von, aus* 75. 181. 186. 187. 282. 295. 297. 303. 440. 482. 700. 711. 715.

736. 762. 780. 794. 803. 845.
1023. 1087. 1113. 1115. 1226.
1303. 1305; *von* ... *an* 915
ofen *m. ofen* 1311
ofer *präp. mit dat. über* 733; *mit
acc. über, über*. . . *hin* 31. 118.
158. 233. 237. 244. 249. 255.
269. 385. 881. 918. 981. 983.
996. 997. 1017. 1133. 1135. 1201;
*oft durch 'auf' zu übersetzen,
wie* 89. 239. 434. 1289; *gegen*
372; *nach* 432. 448
ofermægen *n. übermacht* 64
oferswiðan *schl b. überwinden* 93.
958. 1178
oferwealdend *m. oberster herr* 1236
oferþearf *f. grosses bedürfnis,
grosse not* 521
ofost *geschl.? eile* 44. 102. 1000
ofstlice *adv. eilig* 225. 713. 1197
oft *oft* 238. 301. 386. 471. 513.
1141. 1213. 1253
on *präpos.* (*mit dat. und instr.*)
an 37. 59. 101. 232. 256. 265
u. s. w.; on rîme *an zahl* 284,
vgl. on manrîme 650; *auf* 126.
133. 241. 242. 253 *u. s. w.*; *in*
(*von ort und zustand*) 28. 36.
53. 67. 69. 70. 72. 93. 98 *u. s. w.*;
unter 754. 820; on gesyhðe *vor
augen* 184. 346. 614. 847; on.xx.
fôtmælum feor *in einer entfer-
nung von 20 fuss* 830; (*von der
zeit*) *in* 105. 398. 441. 528. 571.
638. 639. 960. 1288. (*mit acc.*)
an 179. 206. 250. 424. 457. 719
u. s. w.; *auf* 84. 117. 717. 725.
798 *u. s. w.*; *in* 96. 134. 262.
298. 320. 654 *u. s. w.*; *zu* 223.
279. 347. 508 *u. s. w.*; *nach* ...
hin 548. 955. 1180; on unriht
zu, mit unrecht 582; (*von der
zeit*) *während* 193, *an* 697, *in*
787. 857. 1229. *vergl.* innan *und*
gemang
onælan *schl b. anzünden, brennen*
951. [1244]
onbindan *stl c. entbinden, lösen* 1250
onbregdan *stl c. auffahren* 75
onbryrdan 1095, inbryrdan 842.
1046 *schl b. antreiben,begeistern,
ermutigen*
oncnâwan *st* V. *erkennen* [229]. 362.
395. 966

oncnâwe '*cognitus*' *Gm,* oncnâwe
'*declared*' *K* [229]
oncor *m. anker* 252
oncweðan *st* I *a.·* *antworten* 324.
573. 669. 682. 935. 1167
oncýðig [*leidend?* 725]; *vergl.* un-
cýðig
oncyrran *schl b. abwenden* 610,
verwandeln 503
ond *in der hs. ausgeschrieben* 931.
977. 984. 1210, *sonst abgekürzt
(nie als selbständiges wort* and
geschrieben), *und*
ondrædan *st* V. *fürchten* 81
onfôn *st* V. *mit dat. u. acc. empfangen, nehmen, vernehmen*
192. 238. 335. 490. 1033. 1128
ongeân 43, ongên 609. 667 *präp.
mit dat.* (*oft nachgestellt*) *gegen,
entgegen, zu*
onginnan *st* I *c. beginnen, mit inf.*
157. 198. 225. 286. 303. 306.
311. 384. 558. 570. 696. 828.
850. 901. 1068. 1094. 1148.
1156. 1164. 1205; *mit acc.* 468
ongitan *st* I *a. erkennen* 288. 359.
464
onhyldan *schl b. neigen* 1099
onhyrdan *schl b. ermutigen, stärken* 841
[onhyrtan *sch* I *b.* '*animare,recreare*'
Gm 841, *nicht belegt*]
onlêon *st* II. *verleihen* 1246
onlice *adv. ähnlich* 99
onlûcan *st* III. *aufschliessen* 1251
onmêdla *m. herlichkeit* 1266
onscunian *sch* II. *meiden verschmähen* 370
onsendan *sch* I *b. entsenden, hin-
senden* 120. 1089; his gâst ons.
seinen geist aufgeben 480
onsîon *s.* onsŷn
onspannan *st* V. *öffnen* 86
onsŷn 746, onsîon 349 *f. anblick,
angesicht*
ontŷnan *sch* I *b. aufschliessen, öffnen* 1230. 1249
onwindan *stl c. aufwinden, öffnen*
1250
onwrêon 589. 674. 1072. 1124. 1243.
1254, inwrêon 813 *st* II *und* III.
enthüllen
open *offenkundig, bekannt* 647
[ór 1266 *nach* *L* '*geld*']

orcnêwe *leicht zu erkennen, bemerkbar* 229
ord *n. spitze, speer* 235. 1187; *anfang* 140. 590. 1155; *erster, fürst* 393
orhljte *adj. ohne anteil, frei* [423]
ôwiht *irgend etwas* 571

Paulus *eigenn.* 504
plegean *präs.* st1a?, *prät. schw.* II. *sich rasch bewegen* 245, *klatschen* 806

råd *f. fahrt* 982
rêd *m. rat, einsicht, kenntnis* 156. 553; *macht* 919; *vorteil, bestes, heil* 1009
rêdan st V. *raten, eingeben* 1023
rade = hrade 372
rêdgeþeaht *f. beratung, rat* 1052. 1162
rador *s.* rodor
rêdþeahtende *beratend, klug* 449. 869
rand *m. rand, schild* 50
rêran sch1b. *erheben, erregen* 443. 941. 954
rêswa *m. fürst* [213]
rêc *m. rauch* 795. 804
reccan sch1b. *entwickeln, auseinandersetzen, berichten* 281. 284. 553
rêniend *m. anordner* [880]
reodian sch1i (*nach Grein sieben*) 1239
rêonig *traurig* 834. 1083
rêonigmôd *trauriggestimmt* 320
reordberend *sprechend* 1282 (= *mensch*)
reordian sch1I. *reden, sagen* 405. 417. 463. 1073 [*speisen* Gm 1239]
rêotan st III. *weinen, klagen* 1083
rex (*lat.*) *könig* 1042; 610??
rîce *n. reich* 9. 40 59. 631. 820. 1231; *herschaft, macht* 13. 449. 917; *übermacht, oberhand, sieg* 62. 147
rîce *mächtig* 411. 1235
rîcene *sogleich, augenblicklich* 607. 623. 982. 1162
rîcsian sch II. *herschen* 434. 774
rîdan st II. *reiten* 50
riht *recht, richtig, wahr* 13. 281

riht, ryht 369 *n. recht* 372. 1282; *das richtige, rechte. wahrheit* 369. 390. 601. 663. 880. 1241; *anrecht, rechtmässiges eigentum* 910. 917
rihte 553. 566, ryhte 1075 *richtig. der wahrheit gemäss*
rîm *n. zahl* 2. 284. 634. 635
rîmtalu *f. zahl* 820
rinc *m. mann, held* 46
rôd *f. kreuz* 103. 147. 206. 219. 482. (534?). 601. 624. 631. 720. 774. 834. 856. 869 880. 887.919. (973). 1012. 1023. 1067. [1075]. 1224. 1235. (1241).
roder *s.* rodor
rodor 206. 856, rador 762. 795. 804, roder 13. 46. 147. 460. 482. 631. 919. 1023. 1067. 1075. 1151. 1235 *m. himmel*
rodorcyning 887, radorcyniug 624 *m. himmelskönig*
rôf *berühmt* 50
Rôm *f. Rom* 1052
Rômware *pl. Römer* 46, *gen.* Rômwara 9. 40. 59. 62. 129, Rômwarena 982
rûm *geräumig, weit, umfassend* 1241
rûn *f. geheimnis* 333. 1169. 1262; (*geheime*) *beratung* 411. 1162
ryht, ryhte *s.* riht, rihte
ryne *m. lauf, ausdehnung* 795

sæ *m. f. see, meer* 240. 729
sæc, *gen.* sæcce *f. streit* 1178. 1183. [1257?]
sacan st IV. *streiten* [1181]
sâcerdbâd *m. priesterstand* 1055
Sachîus *eigenn.* 437
sacu *f. streit* 906. 941. 1031
sæfearod *m. meeresbrandung, meeresufer* 251
sægde *s.* secgan
*sagian *def.* schII. *sagen* 623. 857
sêl *m. f. glück* 194
sêlan sch1b. *mit seilen anbinden* 228
sêld *f. glück* [1244]
Salomòn *eigenn.* 343
salor *n? saal* 382. 552
same 1207. 1284, some 653. 1066. 1278 *in gleicher weise;* swâ *s. ebenso, gleichfalls*

sæmearh 245, *pl.* sǽmear'as 228 *m.*
seeross, schiff
samnian *sch* ll. *sammeln, sich
sammeln* 19. 55. 60
samod (614). [629]. 729. 889, somed
95 *zusammen, zugleich*
sâmwislîce *adv. nur halb weise,
töricht* [293]
sanctus (*lat.*) *heilig* 504
sand *n. sand, ufer* [251]
sǽne *mit gen. langsam, säumig* 220
sang *m. gesang, lied* 868. *geschrei*
29, *geheul* 112
sâr *n. schmerz* 479. 697. 933. 941
sâwl *f. seele* 461. 564. 799. 890.
906. 1172
sâwllêas *seelenlos, entseelt* 877
Sawlus *Saulus* 497
sceacan *st* V. *sich rasch dahin
bewegen, eilen, vergehen* 633
sceada *m. schädiger, feind, teufel*
762
sceâdan, *prät.* scêad, *st* V. *scheiden,
entscheiden, gebieten?* 709
sceal *s.* sculan
scealc *m. diener* 692
sceamu *f. schande* 470
scêat *m. ecke, schoss, nach Gn* 583
latebra, latibulum
scêawian *sch* ll. *schauen, erblicken*
58. 345
sceððan *st* lV. *und sch*l. *schaden,
bedrängen* 310. [709?]
scêuan? *sch*l*b* 'in die höhe heben
(*zeigen, scheinen machen*), *aber
auch rütteln, schütteln' Gm* [151]
sceolde *s.* sculan
sceolu *f. schar* 763. 836. 1301
scînan *st* II. *scheinen, glänzen,
leuchten* 743. 1115. 1319
scippend 370, scyppend 791 *m.
schöpfer*
scirian *sch* I *a. zuweisen, bestimmen*
1232
scîr *glänzend, hell, rein* 310. 370
scrîðan *st* II. *schreiten* 237
scrîfan *st* II. *bestimmen, gebieten?*
[709]
scúfan *st* III. *schieben, stossen, werfen* 692
sculan *pp. sollen* 367. 545. 673.
756. 764. 982. 1049; *mit ellipse
eines infinitivs* 838. 896. 1192;
zur umschreibung des futurs

210. 580. 687. 768. 951. 1176.
1281
scûr *m. schauer* 117
scyld *f. schuld, verschuldung,
sünde* 427. 470. 1313
scyldful *schuldbeladen* 310
scyldig *schuldig* 692
scyldwyrcende *sünden begehend*
762
scyndan *sch* l *b. eilen* 30
scyppend *s.* scippend
sê, se *dem., art., rel. (mit und
ohne* þe). *sg. nom. m. dem.* sê
465. 928. 1195; *artik.* se 11.
42. 76. 87. 91 *u. s. w. (beim vocativ* 511); *rel.* sê 243. 545, *mit
attraction* 1196; sê þe 303. 774.
913. 945 *u. s. w. fem. art.* sîo
254. 378. 384. 411 *u. s. w.*, sêo
266. 309. 558 *u. s. w.*; *rel.* sîo
709; *n.* þæt *dem.* 426. 456. 1050
u. s. w.; *artikel* 94. 272 *u. s. w.*;
rel. 101. — *gen. m. n.* þæs 39.
60. 86 *u. s. w.*; *rel.* 1251; *adverbiell* þæs *so sehr* 704; *deshalb* 210. 768; *deshalb weil* 812.
823. 963; þæs þe *seitdem, nachdem* 4. 68; *deshalb weil* 957.
1140. 1317. *f.* þǽre 293. 610
u. s. w. — dat. m. n. þâm 70.
133. 146 *u. s. w.*; *rel.* 421. 444
u. s. w. f. þǽre 324. 545 *u. s. w.
— acc. m.* þane 294, þone 243.
302. 370 *u. s. w.*; *rel.* 423. *f.*
þâ 98. 183. 274. 275 *u. s. w.*;
rel. 398. 1235. *n.* þæt 107. 117.
128. 172. 192 *u. s. w. — instr.
m. n.* þý 185. 485. 891. 1178,
vor comp. þý 96. 797, þê 97.
796. 946 *desto*; þý *læs damit
nicht* 430. — *pl. nom. acc.* þâ
153. 169. 357 *u. s. w.*; *rel.* 172.
317. 742 *u. s. w.*, þâ þe 154. 280.
283 *u. s. w. — gen.* þǽra 285,
þâra 450. 470. 740. 744 *u. s. w.*,
þâra þe 508 818. 971 *u. s. w.
mit prädicat im sing.* 975. 1226.
— *dat.* þâm 277. 754 *u. s. w.*,
rel. 354. 1067
sêað *m. brunnen, cisterne* 693
searo- *s.* searu-
searu *n. rüstung, list* 721
searucræft, searo- *m. kunstgeschick*
1026. [*list* 721]

sundor *adv. abgesondert, besonders, bei seite* 407. 603. 1019
sundorwis *besonders weise* 588
sunne *f. sonne* 1110
sunu *m. sohn* 222. 447. 461. 474.
564. 592. 686. 778. 892. 1200.
1318
sûsl *n. qual* 772. 944. 950
swâ *so* 163. 306. 350. 477. 541.
629 *u. s. w.*, swâ þêah *dennoch*
500; *wie* 87. 100. 190. 207. 223.
271. 325 *u. s. w.*; *soweit* 972;
sowie, sobald 128; swâ ... ne
ohne dass 340; swâ ... swâ *sowohl ... als auch* 325. 606
swâmian *sch* II. *entschwinden* [629]
swês *eigen, lieb* 447. 517
sweart *schwarz, dunkel* 931
swefan *st* Ia. *schlafen* 70
swefen *n. traum* 71
swegl *n. himmel* 75. 507. 623. 755
swelling *f? schwellung, schwel-
lendes segel?* (245)
sweng *m. schlag* 239
sweord *n. schwert* 757
sweordgenidla *m. mit dem schwert
bedrohender feind* 1181
swêot *n. schar* [26?]. (124)
sweotole *adv. klar, deutlich* 26?.
168. 861
sweotollîce *adv. klar, deutlich* 690
swîcan *st* II. *untreu werden* [293]
swið *stark, comp.* swiðra *recht,* sêo
swiðre *die rechte (hand)* 347
swîðe *adv. sehr* [293]. 663. 940;
sup. swiðost *am meisten* 668.1103
swige *still* 1275
swilt *s.* swylt
swinsian *sch* II. *ertönen, rauschen*
240
swonrâd *f. schwanenweg, meer* 997
swylc *solch* 571, *ein solcher wie
er* 32
swylce *auch, gleichfalls, ebenso*
3. 1033; *wie* 804. 1113
swylt 447, swilt 677 *m. tod*
syb, sib *f. sippe* [26], *verwant-
schaft, liebe* 1207, *friede* 446.
598. 1183. 1315
syððan *s.* siððan
sylf 69. 184. 200. 209. 222. 303.
[439]. 466. 732. 855. 1001. 1207.
1280. 1295, seolf 488. 603. 708.
808. 985. 1121, self 1200 *selbst*

symle *adv. beständig, immer* 469.
915. 1216
Sŷmon *eigenn.* [439]. 530
syn *f. sünde* 414. 497. 514. 677.
772. 778. 940. 958. 1244. 1309.
1318
syndon *s.* sindon
synful *sündenbeladen* 1295
synnig *sündig* 956
synt *s.* sindon
synwyrcende *sünden begehend* 395.
944
syx *sechs* 741. 742. (1228)
syxta *sechster* 7

têcan *sch* Ib. *zeigen* 631
tâcen *n. zeichen* 85. 104. 164. 171.
184. 1105. 1121; *wunder* 319.
854 (*wunderbar*); *heldentat* 645
têar *m. zähre, träne* 1134
tellan *sch* Ib. *zählen, wofür halten,
glauben* 909
tempel *n. tempel* 1010. 1022. 1058
têona *m. schade, leid, ärger* 988
tîd *f. zeit* 193. 787. 857. 1044. 1209.
1249; *stunde* 870. 874
til *gut* 325
tîonlêg *m. verderbliche flamme* 1279
tîr *m. ruhm* 164. 754
tîrêadig *ruhmreich* 104. 605. 955
tô *präp.* (*mit gen.*) tô þæs *zu dem
grade, so* 704 = tô þan 703;
(*mit dat.*) zu (*auf die frage:
zu wem?*) 604. 1073. 1100. 1213.
1318. (*auf die frage: wozu?*) 10.
16. 17. 23. 34. 45. 48. 49 *u. s. w.*
(*auf die frage: wohin?*) 32. 52.
83. 216. 248. 382 *u. s. w.*; *nach*
273; *in* 188; *bei* (*nach* sêcan)
319. 325. 410. 568; *in* (*von der
zeit*) 211. 349. 1218. 1321; tô
sôðe *s.* sôð; tô hwan *wozu* 1158;
mit flect. infinitiv 533. 607. 1166
tô *adv. zu* 63. 663. 708. 1105
tôgênes *entgegen, erwidernd* 167.
536
tôglîdan *st* II. *auseinander gleiten,
verschwinden* 78. 1269
tohte *f. auszug, kampf* 1180
torht *hell, glänzend* 164
torht *n. helligkeit, klarheit* 1249
torn *n. kummer, leid* 1134
torngenidla *m. feind, der einem*

- *kummer macht oder einen empört* 568. 1306
tôsomne *zusammen* 1202
tôweorpan *st* 1 *c. auseinander werfen, vernichten* 430
tôwrecan *st* 1 *a. auseinander treiben, zerstreuen* 131
trâg *bôse, schlimm* 325. 955
trâg *f. übel, leid* 668
tredan *st* 1 *a. treten* 55, *durchwandern* 612
trêo, trio 429, *n. baum* 757, *stamm, besonders vom kreuze* (= rôde trêo 147. 206. 856) 89. 107. 128. 165. 214. 429. 442. 534. 701. 706. 828. 841. 867. 1027, trêow 664; *gen.* trêowes 1252
Trôiâna *pl. Trojaner* 645
trymman *schl* b. *kräftigen, stärken* 14. 35? (*'hart, steif, dicht sein, starren: die heerkörper waren in dichten marschkolonnen gegliedert' tB, 'impetuose versari' Gn, 'were strong' K, 'verstärken' und später 'sich verst.' Kr*)
tû *s.* twêgen
tûhund *zweihundert* 2. (634)
turfhaga *m. rasendecke, rasen* 830
twâ *s.* twêgen
twêgen *m.* 854, twâ *f.* 880. 955. 1180, tû *n.* 605; *vergl.* 754, twâm 1306 *zwei*
twentig *zwanzig* (830)
twêo *m. zweifel* 171. 668
twêogan, twêon *schl* ll. *zweifeln* [668]
tyht *m. zug, bewegung* 53

ûdweota *m. weiser mann, schriftgelehrter* 473
ûhta *m. oder* ûhte *n.? morgendämmerung* 105
ûhtsang *m. gesang in der morgendämmerung* [29]
unâsecgendlic *unaussprechlich* 466
unbrêce *unzerbrechlich, unvergänglich* (1029)
unclêne *unrein* 301
uncûd *unbekannt* 1102
uncŷdig *unkundig, unwissend* 961, eines oncŷdig *der kraft unkundig, kraftlos?* 725
undearninga 405, undearnunga 620 *adv. unverborgen, offen*
under *präp. mit dat. unter* 13.

46. 75. 147. 245. 507. 583. 631. 652 *u. s. w ; tief in* 218. 485. 625. 653. 695. 832. 843. 1092. *mit acc. unter, tief in, in* 44. 764
ungelîce *adv. ungleich, anders* 1307
unbwîlen *zeitlos, ewig* 1232
unlifgende *leblos* 879
unlŷtel *nicht klein* 283. 872
unne *f. erlaubnis, gunst* [1246]
unoferswided *unüberwindlich* 1188
unriht *unrichtig, falsch* 1042
unriht *n. unrecht, sünde* 472. 516. 582
unrîme *zahllos* 61
unscyldig *unschuldig* [423]. 496
unscynde *untadlig, herlich* 365. 1201. 1247
[unsêoc *nicht krank* 1247 *E*]
unslàw *unträge, rührig* 202
unsnyttro *f. unklugheit* 947. 1285
unsôfte *adv. unsanft, mit mühe* 132
untrâglîce *adv. ohne zögern* 410
untwêonde *nicht zweifelnd* 798
unweaxen *unerwachsen* 529
unwislîce *unkluger weise* 293
ûp *auf, hinauf* 87. 95. 353. 700. 712. 714. 717. 736. 794. 803. 879. 1107. 1226
uppan *präp. über* 886
uppe *adv. oben* 52 [*im schwange* 1266 *nach Dietrich*]
ûprador *m. der himmel oben* 731
ûpweard *aufwärts gerichtet* 806
ûr *m. auerochse, name der rune* u 1266
ûrigfedera 29, -fedra 111 *mit feuchtem gefieder*
ûs *dat. uns* 400. 637, ûsic *acc. uns* 533
ûsse *pl. unsere* 425. 458
ût *hinaus* 45

wâ *adv. wehe* 628
wadan *st* IV. *dahin gehen, fahren* 246
wêdan *schl* b *jagen, dahin jagen* 1274
wêdl *f. armut, mangel* 617
wêg *m. woge* 230
wêgflota *m.wogenschwimmer, schiff* 246
wêgbengest *m. wogenhengst, schiff* 236

wald- *s.* weald-
wælfel *grausam gegen leichen* ·53
wælblence? *f. (kampfkette) panzer*
24
wælhrêow *kampfwild* 112
wælrest *f. totenrast, grabesruhe*
724
wælrùn *f. kampfgeheimnis* 28
wan *dunkel, schwarz* 53
wang *m. feld* 684
wangstede *m. feldstätte, ort* 794.
1104
wannhâl *krank* 1030
wansælig 978, wonsælig 478 *unselig*
wǽpen *n. waffe* 17. 48. 1189
wǽpenþracu *f. waffensturm,kampf*
106
wǽr *f. treue* 823, *schutz, huld* 80
wærlic *vorsichtig* 544
wæstm *m. f. n. wuchs, gewächs,
frucht* 341
wât *s.* witan
wæter *n. wasser* 39. 60
wê *wir* 364. 397. 399. 401. 402.
427. 428. 513. 514. 538. 656.
670 *u. s. w.*
wêadǽd *f. wehvolle tat, übeltat* 495
weald *m. wald* 28
wealdan, waldan 801 *st* V. *walten,
regieren, herschen, besitzen mit*
gen. 761. 801, *mit instr.* 450
wealdend, waldend 206. 421. 732
waltend, walter, herr, beherscher
4. 80. 337. 347. 391. 482. 512.
752. 773. 781. [789]. 851. 892.
1043. 1067. 1085. [1090]
weallan *st* V. *wallen, wogen* 938
weard *m. wart, hüter, herr* 84.
153. 197. 338. 384. 445. 718.
(789?). 1022. (1090?). 1101. 1316
weardian *sch* II. *warten, hüten,
innehaben, bewohnen* 135. 1145
wearhtreafu *n. pl. wohnung der
geächteten, hölle* 927
weaxan *st* IV. *wachsen* 12, *erwachsen* 914, *anwachsen, sich
mehren* 547
webbian *sch* II. *weben, sinnen* 309
weccan *sch* I *b. wecken* [106]
wed *n. pfand, lösegeld, sühne* 1284
wêdan *sch* I *b. wüten* 1274
wefan *st* I *a. weben* 1238
weg *m. weg* 1150

wegan *st* I *a. tragen* 61. 655
welm *s.* wylm
wêmend *m. verkünder* 880
wên *f. hoffnung* [789. 1090], *name
der rune* w 1264
wêna *m. erwartung* 584
wênan *sch* I *b. mit gen. erwarten,
hoffen* 62. [348]. 478. [880]. 1104,
fürchten 668
wendan *sch* I *b. wenden* (348). 440.
979
wendelsǽ *m. grenzmeer, mittel-
meer* 231
weorc *n. werk, sache* 110. 849.
1243. 1318
weorðan *st* I *c. werden* 5. 9. 41. 69.
102. 130. 178. 183. 220. 336.
401. 428. 429. 575. 581. [614].
638. 688. 776. 804. 961. 976.
989. 1035. 1036. 1042. 1049.
1050. 1177. 1278; *gereichen* 15.
(501); *kommen* 584
weorðian *sch* II. *ehren* 891. 1137.
1196. 1222
weorpan *st* I *c. werfen* 1304
weorod 158. 351. 752. 782. 815.
844. 867. 897, weorud 223. 681.
1117. 1281, wered 1085, werod
19. 39. 48. 53. 60. 94. [217].
230. 789. 1150? *n. mannschaft,
schar, menge, volk*
weoruld *s.* woruld
wer *m. mann, mensch* 22. 72. 236.
287. 304. 314. 341. 475. 478.
508. 537. 543. 547. 559. 596.
785. 959. 967. 978. 1038. 1222
wered *s.* weorod
wergan *sch* I *b. ächten, verdammen,
verfluchen* 294
wergðu *f. ächtung, verdammnis*
211. 295. 309. 952
wêrig *müde, elend, unglücklich,
unselig* 357. 387. 763
werod *s.* weorod
werodlêst *f. mangel an mannschaft* 63
werþêod *f. männervolk, volk* 17
643. 969
wesan *st* I *a. sein* 1. 7. 11. 13. 18.
22. 25. 46. 53 *u. s. w.*
westan *vom westen her* 1016
wêsten *m. n. wüste* 611
wìc *f. wohnung* 1038. 1144
wicg *n. pferd* 1196

314. 334. (338). 344. 351. 385.
394. 419. 440. 529. 537. 544.
547. 559. 569. 582. 589. 724.
749. 771. 893. 939. 946. 990.
1003. 1072. 1168. 1191. 1284.
1319
wordcræft *m. redekunst* 592, *dichtkunst* 1238
wordcwide *m. rede* [547]
wordgerŷne *n. in worten nieder-
gelegtes geheimnis* 289. 323
world *s.* woruld
worn *m. menge* (304?). 633
worpian *sch* II. *werfen* 492. 825
woruld, world 1252. 1277, weoruld
452 *f. welt* 440. 508. 561. 994.
1142. 1153. 1252. 1277; *mensch-
heit* 4. [304?]. 979; *leben, ewigkeit* 452
woruldgedâl *n. trennung von der
welt, tod* 581
woruldrîce 456. 779, worldrîce 1049
n. weltreich, welt
woruldstund *f. in der welt zuge-
brachte zeit* 363
wræce *s.* wracu
wræcmæcgg *m. elender mensch,
unglücksmensch* 387
wracu *f. rache, strafe* 17. 495 (tô
wræce settan *bestrafen*)
wrâð *verdreht, verkehrt* 459, *zornig, feindlich* 165. 1182
wrâðe *adv. verkehrter weise* 294
wraðu *f. stütze, hilfe* 84. [294]. 1030
wrætlîce *adv. wunderbar, kunst-
voll* 1020
wrecan *st* I *a. treiben, dahin eilen*
121. 232
wreccan *sch* I *b. wecken* 106
wrêon *st* II. *und* III. *bedecken,
verhüllen* 583
wrîðan *st* II. *drehen* 24
wrixlan *sch* I. *wechseln* [547]. 759
wrôht *m. f. anklage, verbrechen,
frevel* 309
wrôhtstæf *m. verbrechen, frevel*
926
wuldor *n. herlichkeit* 752. 801. 813.
1135, wuldres miht *herliche
macht* 295. 727, wuldres trêo
*u. dgl. herlicher baum (vom
kreuz)* 89. 217. 828. 844. 867.
1252; *mit gen. pl. der herlichste* 5. 178. 186; *himmlische*

herlichkeit, himmel 77. 84. 738.
747. 782. 823. 1040. 1047. 1090.
1150; *verherlichung, preis* 893.
1117. 1124
wuldorcyniug *m. herlicher könig*
291. 963. 1304. 1321
wuldorfæst *herlich* 967
wuldorgeofa *m. verleiher von herlichkeit* 681
wuldorgifu *f. herliche gabe, gnade*
1072
wulf *m. wolf* 28. 112
wund *f. wunde* 514
wundor *n. wunder* 363. 779. 827.
867. 897. 1112. [1122]. 1238
(wunderbar). 1254
wundorwyrd *f. wunderbares ereignis* 1071
wundrian *sch* II. *sich wundern* 959
wunigan *sch* II. *wohnen, sich be-
finden* 624. 724 *(mit loc. acc.
oder instr. dat.)*. 821. 950. 1028,
bleiben 908
wylm, welm (230?) *m. das wallen,
wogen, strom* 39; *von wogendem
feuer* 765. 1297. 1299. 1310
wyn *f. wonne* 1040. [1090]
wynbêam *m. wonniger baum* 844
wynsum *wonnesam* 794
wyrcan *sch* I *b. wirken* 827. 897,
arbeiten, bauen 1020, *tun, an-
tun* 470
wyrd *f. schicksal persönl. gedacht*
1047, *geschick, vorgang, ereignis, begebenheit* 80. 541. 583.
589. 813. 978. 1064. 1102. 1124.
1256
wyrdan *sch* I *b. vernichten* 904
wyrðe *wert, teuer* 291
wyrresta *der schlimmste* 932
wyrsa *schlimmer, schlechter* 1040

ŷð *f. woge* 239
ŷðhof *n. wogenwohnung, schiff*
(252)
yfel *n. übel, übles, böses* 493. 902
yfemest *adv. zu oberst* 1290
ylde *s.* elde
yldra *s.* eald
ymb *präp. mit acc.: loc. um . . .
herum* 50. 66. 260. 869, *an . . .
herum* 39. 136, *auf . . . herum*
60. 227; *temp. nach* 272. 383;
mod. um 1181, *in betreff* 214.

442. 534. 541. 560. 664. 959.
1064. 1071. 1255
ymbhwyrft *m. umkreis, erdkreis* 731
ymbsellan *sch* 1*b. umgeben* 742
ymbsittend *nachbar* 33
yppe *offenbar, bekannt* 435
ȳr *name der rune* y, *nach der
gewöhnlichen erklärung* 'bogen',
nach Rieger 'geld' 1260
yrfe *n. erbe* 1320
yrming *m. unglücklicher mensch*
[1290]
yrmðu *s.* ermðu
yrre 573, eorre 401. 685 *zornig*

þâ *damals, dann, da* 7. 25. 42.
69. 94. 99. 105 *u. s. w.; rel.
da, als, indem* 1. 172. 294.
389. 709. 786 *u. s. w.*
þâ *s.* sê
þafian *sch* II. *sich in etwas finden,
geschehen lassen* 608
þâm *s.* sê
þan *adv.* tô þan *so sehr* 703 [wið
ðan *dagegen?* 926]; *vergl.* ærþan, forþan, siððan
þanc *m. dank* 811. 893
þancian *sch* II. *danken* 962. 1139
þane *s.* sê
þanon *von da* 143. 148. 348
þǽr *dort* 41. 84. 114. 159. 231
u. s. w.; wo (rel.) 329 *u. s. w.*
(*wie* ... *da* 70, *während* 1105);
wofern, wenn 839. [979?]
þâra, þǽra, þǽre *s.* sê
þâs *s.* þes
þæs *s.* sê
þæt *s.* sê
þæt *conj. dass* 9. 144. 170. 175.
268. 272. 290 *u. s. w.* = þæt
þe (59?); *damit* 324. 375. 409.
428. 552. 677. 679. 1055; *so
dass* 15. 209. 501. 580. 830.
933; *bis* 36
þê *rel. alleinst.* 160. 163. 183. 298.
319. 360 *u. s. w.;* þe *mit
demonstr. s.* sê; *mit pers. pron.*
þê ... *bis dessen* 162, þû þe
der du 726; *conj. dass* 966.
985, *wo* 717
þê *s.* sê *und* þû
þêah *doch* 500, *obgleich* 48. 82.
174. 362. 393. 479. 509. 513.
707. 824. 1118. [1122?]. 1259

þeaht *f. gedanke* 1242
þeahtian *sch* II. *nachdenken, erwägen* 547
þearf *f. bedürfnis, not* 426; *is*
mê þearf (*mit gen.) ich habe
nötig* 553
þearf *s.* þurfan
þearl *heftig* 704
þêaw *m. brauch, sitte* 1211
þec *s.* þû
þegn *m. mann* 151. 540, *diener*
549, *jünger* 487
þegnung *f. dienst* 739. 745
þencan *sch* 1*b. denken* 549, *beab-
sichtigen, wollen* 296
þêod *f. volk, pl. auch leute,
menschen* 185. 421. 448. 468.
539. 659. 781
þêodan *sch* 1*b. hinzufügen* [403]
þêodcwên *f. volkskönigin* 1156
þêoden *m. könig* 267. 487. 563.
777. 858
[þêodenbealu *n. nach* W 'ein
schaden, welcher dem herrn
zugefügt wurde oder vielleicht
ausserordentlicher schaden' 403]
þêodscipe *m. disciplin, zucht,
wandel* 1167
þêon *sch. begehen* 403
þêos *s.* þes
þêostorcofa *m. dunkler raum* 833
þêostorloca *m. dunkler gewahr-
sam* 485
þêostre *düster, finster* 312
þêostru 767, þȳstru 307 *f. düster,
finsternis*
þêowdôm *m. dienst* 201
þêownêd *f. knechtesnot, knecht-
schaft* 770
þerscan *st* 1*c. dreschen, schlagen*
358
þes *dieser: sg. nom. m.* þes 703.
704, *f.* þêos 468. 533. 551. 647
u. s. w., n. þis 162. 435. 903
u. s. w.; dat. (m.) n. þissum
576, *f.* þysse 402. 539. 643;
acc. m. þysne 312, *n.* þis 630.
659; *instr. (m.) n.* þȳs 92. *pl.
nom. acc.* þâs 749. 1173; *gen.*
þyssa 858; *dat.* þyssum 700
þicgan *st* 1*a. empfangen* 1259
þin *dein* 489. 510. 597. 666. 727
u. s. w. vergl. þû

þing n. ding 409. 1156, tatsache 608?

þinggemearc n. dingbezeichnung, zeitbestimmung, zeit 3

þingian schII. reden 77. 609. 667; (mit dat.) fürsprache tun für 494

þis, þis- s. þes

þolian schII. dulden 770

þone s. sê

þonne adv. dann 446. 489. 526. 931. 1286; conj. wann, wenn, sowie 50. 473. 618. 1178. 1179. 1185. 1273. 1280; als (nach comp.) 49. 74. 388. 647

þracu f. ungestüm, sturm, kampf 45. 185

þråg f. zeit 1239 (lange). [668]

þræcheard im kampfe tapfer 123

þrægan schIb. laufen 1263

þrêa m. f. drohnng, schrecken, gewalt 1277

þrêalic schrecklich 426

þrêagan schII. bestrafen 1296

þrêanêd 884, þrêanŷd 704 f. schreckliche not

þrêat m. schar 51. 151. 215. 217. 254. 271. 326. 329. 537. 546. 873 1096

þrêo s. þrî

þreodude s. þrydian

þrî, þrŷ (847) m., þrêo f. n. 2. 285. 483. (833). 869. 1286 drei; gen. þrêora 858

þridda dritter 185. 485. 855. 884. 1298

þringan stIc. dringen, eilen 123. 329

þriste dreist, entschlossen 266, verwegen 1286

þrîste adr. dreist, zuversichtlich 409. (1167)

þrîtig, þrittig dreissig (3)

þroht m. beschwerde, qual 704

þrohtherd stark bei qualen, geduldig 494

þrosm m. rauch 1298

þrôwian schII. dulden, leiden 421. 769

þrŷ s. þrî

þrŷdbord n. kraftschild, starker schild 151

þrydian schII., prät. þrydede 549, þreodude 1239, überlegen, erwägen

þrym m. lärm, ruhm, macht, herlichkeit 177. 329. 348. 483. 519. 745 (= herlich). 859, der herlichste 483. 816. 1090

þrymcyning m. herlicher könig 494

þrymlice adv. herlich 781

þrymsittende in herlichkeit thronend 811

þrŷnes f. dreiheit, dreieinigkeit 177

þû du 81. 83. 84. 92 u. s. w. þû þe der du 726, þû (allein) der du 727. 730. 732?. gen. þin 928. dat. þê 79. 81. 82. 441 u. s. w. acc þec 403. 447. 539. 676. 823. 931; þê 522. 789. 814 u. s. w.

þûf m. fahne 123

þurfan pp. dürfen 919. 1104, brauchen 940

þurh präp. mit acc. durch 120. 147. 155. 165. 172. 183. 199. 203. 281. 289 (þurg) u. s. w.; oft steht es zur bezeichnung des mittels, während wir 'in' dafür brauchen. 6. 459. 626. 646. 685. 808 1106; in folye, wegen 86. 98. 400. 1167. 1301; aus 207. 424 498; um ... willen 790 (þurg); bei 686 699

þurhdrîfan stII. hindurchtreiben, durchdringen, erfüllen 707

þurbgêotan stIII. durchgiessen, erfüllen 962

þurhwadan stIV. durch etwas gehen, durchbohren 1066

þus so 189. 400. 528 1120. 1237

þûsend n. tausend (285. 326)

þŷ s. sê

þyder dorthin, nach jener seite 548

þyncan, þincan 532 schIb. dünken, scheinen 72. 532 1165, gut dünken 541 (mit dat.)

þŷs s. þes

þyslic solch 540. 546

þysne, þyssa, þysse, þyssum s. þes

þes

þŷstru...

Berichtigungen:

610 *anm. füge hinzu* 'rêx = rêces *Schubert*' 645 Trôiàna.

Druck von G. Bernstein in Berlin